존 롤즈의 『정의론』 읽기

세창명저산책_031

존 롤즈의 『정의론』 읽기

초판 1쇄 발행 2015년 4월 20일
초판 2쇄 발행 2021년 3월 10일

—

지은이 홍성우
펴낸이 이방원
기획위원 원당희
편 집 김명희 · 안효희 · 정조연 · 정우경 · 송원빈 · 최선희 · 조상희
디자인 손경화 · 박혜옥 · 양혜진 **영 업** 최성수

—

펴낸곳 세창미디어

　　　신고번호 제312-2013-000002호 **주소** 03735 서울시 서대문구 경기대로 88 냉천빌딩 4층

　　　전화 723-8660 **팩스** 720-4579 **이메일** edit@sechangpub.co.kr **홈페이지** http://www.sechangpub.co.kr

　　　블로그 blog.naver.com/scpc1992 **페이스북** fb.me/Sechangofficial **인스타그램** @sechang_official

—

ISBN 978-89-5586-244-7 03190

이 도서의 국립중앙도서관 출판예정도서목록(CIP)은 서지정보유통지원시스템 홈페이지(http://seoji.nl.go.kr)와
국가자료종합목록 구축시스템(http://kolis-net.nl.go.kr)에서 이용하실 수 있습니다.(CIP제어번호: CIP2015011153)

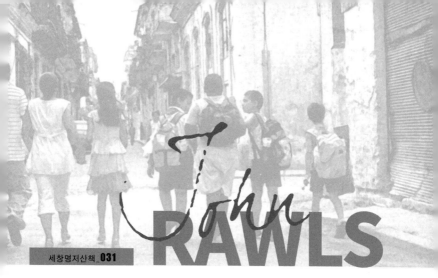

세창명저산책_031

John RAWLS

홍성우 지음

존 롤즈의 『정의론』 읽기

세창미디어
MEDIA

 『존 롤즈의 《정의론》 읽기』는 본래 롤즈(1921~2002)의 저작인 『정의론』에 관한 해제로 기획된 책이다. 해제는 대체로 어떤 저작의 지은이를 간략히 소개하고, 그 저작과 관련한 시대적 상황이나 배경을 기술하며, 마지막으로 독자가 그 저작을 쉽게 이해하도록 그것의 내용을 개괄적으로 정리해주는 방식으로 구성된다. 그러나 이 책에서는 전형적인 해제 작성 방식을 따르지 않고, 다만 롤즈의 『정의론』 자체에 집중하면서 그 내용을 전반적으로 요약·분석·정리하는 방식을 취하였다. 그런 과정 속에서 어쩌면 많은 핵심 사항을 놓쳤을 것이다. 이 책이 나 자신의 순수한 저작이 아니라는 사실이 아쉽기만 하다. 그러나 『정의론』을 이해하기 위한 길라잡이 역할을 어느 정도 해주리라는 생각을 하면서 스스로를 위로해 본다.

 롤즈의 저작으로는 『정의론』 외에 『정치적 자유주의』

(1993), 『만민법』(1999)의 3대 저작과 새뮤얼 프리먼Samuel Freeman이 편집한 『존 롤즈 : 논문집』(1999), 바바라 허만Barbara Herman이 편집한 『도덕철학사 강의』(2000), 에린 켈리Erin Kelly 가 편집한 『공정으로서의 정의 : 재진술』(2001), 새뮤얼 프리먼이 편집한 『정치철학사 강의』(2007), 토마스 네이글Thomas Nagel이 편집한 『죄와 신앙의 의미 탐구』(2009) 등이 있다.

이 글을 작성하면서 롤즈의 1999년 개정판의 6쇄인 『정의론*A Theory of Justice*』(Rawls, John, Cambridge : The Belknap Press of Harvard University Press, 2003)과 이 개정판의 번역서인 『정의론』(존 롤즈 지음, 황경식 옮김, 이학사, 2003)에 아주 많이 의존하였으며, 『롤즈의 민주적 자유주의』(염수균 지음, 천지, 2001)도 참조하였다. 그리고 경제학을 위시한 여타의 관련 도서도 참조하였다.

원고 마감 기일을 여러 차례 넘겼으나 그때마다 너그러이 보아주신 출판사 여러 선생님께 감사의 말씀을 드린다.

2015년 4월

홍 성 우

| CONTENTS |

머리말 · 4

초판과 개정판 서문 · 9

제1부 원리론 · 15
　　제1장 공정으로서의 정의 · 16
　　제2장 정의의 원칙 · 38
　　제3장 원초적 입장 · 73

제2부 제도론 · 105
　　제4장 평등한 자유 · 106
　　제5장 분배의 몫 · 142
　　제6장 의무와 책무 · 183

제3부 목적론 · 207

제7장 합리성으로서의 선 · 207

제8장 정의감 · 236

제9장 정의와 선의 일치성 · 268

초판과 개정판 서문

　롤즈는 공리주의보다 더 나은 정의에 관한 체계적 해명이 있어야 한다고 『정의론』 초판(1971) 서문에서 밝힌 바 있다. 그는 여러 전통적 견해 가운데서도 특히 계약론이 정의에 관한 신중한 판단을 내리거나 민주주의적 사회의 도덕적 기초를 마련하려고 할 때 가장 적합한 이론이라고 주장한다. 그래서 롤즈는 로크, 루소, 칸트 등으로 대표되는 사회 계약론을 일반화하고 추상화한 결과 지극히 칸트적 성격을 띤 이론에 도달하게 된다.

　그런데 『정의론』에 대한 좌·우의 비판이 있게 되자, 롤즈는 그의 입장에 대한 오해를 바로잡거나 미처 자신이 강조하지 못한 부분을 『정의론』 개정판(1999) 서문에서 간략히 언급하고 있다. 이 개정판은 초판보다 약 60여 쪽 정도 분량이 적다. 롤즈가 부분적으로 내용을 삭제했기 때문이다. 개정판 서문에서 롤즈는 공리주의적 교설의 취약성, 공정으로서의 정의의 목표, 기본적 자유와 그것의 우선성, 기본적 가치, 재산 소유적 민주주의,[1] 경제 체제의 선택 문제 등에 대해 간략히 언급한다.

민주주의적 제도를 해명하려면 최우선적으로 자유롭고 평등한 인격체로 여겨지는 시민의 기본적 권리와 자유에 대해 해명해야 하는데, 롤즈는 공리주의적 해명을 별반 만족스럽지 못한 것으로 평가한다. 이것이 롤즈가 말하는 공리주의적 교설의 취약성에 해당한다. 『정의론』에서 제시

---

[1] 재산 소유적 민주주의(property-owning democracy)의 개념은 『정의론』 초판을 통해서는 별반 강조된 바가 없어 주목을 받지 못한 개념이다. 그러나 개정판 서문에 이르러서 이 개념은 『정의론』의 경제 체제론을 확정하는 지위를 차지하게 된다. 재산 소유적 민주주의에 대해 더 체계적이고 구체적인 언급과 논의는 『정의론』의 개정판 서문에 앞서 롤즈의 미발간본 『공정으로서의 정의: 안내 지침』(1989)에서 먼저 이루어졌다. 나중에 이 미발간본은 에린 켈리(Erin Kelly)가 편집하여 『공정으로서의 정의 : 재진술』(2001)이라는 제목으로 발간되었다.

한 정의관인 '공정으로서의 정의'는 민주주의의 핵심적 본질을 제대로 표현하기 위해 두 가지 목표를 가진다. 하나는 기본적 권리와 자유, 그리고 이들의 우선성을 보다 설득력 있게 해명하는 것이다. 다른 하나는 이러한 해명을 민주주의적으로 이해한 평등의 개념과 결합하는 것이다. 이렇게 하여 공정한 기회균등의 원칙과 차등의 원칙에 도달하게 된다. 이들 원칙은 사회계약이란 관념을 일반적이고 추상적인 방식으로 활용한 원초적 입장이라는 관념을 통해 선택된다. 평등한 정치적 자유, 사상의 자유, 양심의 자유, 결사의 자유 등 기본적 자유와 그것의 우선성, 그리고 자유의 공정한 가치는 시민의 두 가지 도덕적 능력인 정의감과 가치관의 능력이 자유롭게 그리고 실질적으로 발휘되려면 반드시 보장되어야만 하는 가치이다. 자유를 포함한 소득, 부, 자존감 등의 기본적 가치는 합리적이고 자유로우며 평등한 시민이자 평생 자신이 속한 사회에 기꺼이 협력하는 사회 구성원으로서 자신이 원하는 다른 것을 얻으려면 원할 수밖에 없는 필요한 어떤 것으로 규정된다.

재산 소유적 민주주의의 개념이나 그것의 근본적인 특징

은 복지국가와 비교해 보면 더욱 잘 드러난다. 복지국가는 누구든 일정한 생활 수준 이하로 떨어지는 것을 막으려고 우연적 사고나 불행을 미연에 방지하기 위해 모든 사람을 보호하려고 한다. 이런 목적 때문에 복지국가는 도움이 필요한 사람이 누구인지 미리 파악하여 각 시기의 최종 순간에 소득의 재분배를 시행한다. 그러나 이러한 체제는 과도한 소득 격차 때문에 차등의 원칙을 위반할 뿐만 아니라 대단히 큰 규모의 부가 불평등하게 상속되는 것을 허용하여 정치적 자유의 공정한 가치와 도저히 양립할 수 없는 결과를 가져오기도 한다. 물론 복지국가는 공정한 기회균등을 보장하려고 노력한다. 그러나 복지국가 체제가 허용하는 범위에서 각각의 개인이 발휘할 수 있는 부와 정치적 영향력 사이에 커다란 격차가 발생하게 되면 이러한 노력은 대체로 불충분하거나 아무런 실효성이 없게 된다.

재산 소유적 민주주의를 지탱해주는 배경적 제도는 경쟁 시장 체계를 존속시킨 상태에서 부와 자본의 소유를 분산시키고, 소수가 경제와 정치적 삶을 통제하는 것을 방지하려고 한다. 그래서 재산 소유적 민주주의는 각 시기의 마지막 순간에 이르러 적게 가진 사람에게 소득을 재분배하는 복지국가와는 다르게, 각 시기가 시작하는 순간에 교육으로 계발된 능력이나 훈련으로 습득한 기술 등을 포함하는 인적자본과 상속이나 증여에 관한 법률에 근거하여 자본과 자원 등의 생산수단이나 생산자산이 더 많은 사람에게 광범위하게 소유될 방법을 모색하여 지속해서 부의 편중 현상을 막으려고 한다. 광범위한 부의 분배적 소유는 모두가 평등한 기본적 자유와 공정한 기회균등, 그리고 차등의 원칙에 근거하여 이루어진다. 여기에서 차등의 원칙은 복지국가적 맥락이 아니라 재산 소유적 민주주의나 자유주의적 사회주의 체제의 맥락에서 적용된다는 점에 유의해야 한다. 차등의 원칙이란 공정한 협동 체계로서 사회를 위한 호혜성의 원칙이거나 상호성의 원칙이기 때문이다. 이런 점에서 재산 소유적 민주주의는 모든 시민이 자기 일을 독자적으로 진행해 나갈 수 있도록 그들의 위치를 확립시켜 주며, 또한 자유롭고 평등한 시민이 서로 존중하면서 사회적 협동을 하게 하는 데 그 목적이 있다.

마지막으로 롤즈는 자신의 정의의 원칙을 실현해 줄 경

제 체제로 재산 소유적 민주주의와 자유주의적 사회주의를 거론한다. 그러나 양자 가운데 어떤 체제에서 정의의 원칙이 가장 잘 구현될 수 있는가의 문제는 그대로 남겨둔다. 그런데 이 두 가지 경제 체제에 관련하여 간과해서는 안 될 점이 있다. 먼저 재산 소유적 민주주의에서 생산수단을 사유재산으로 만들 수 있는 권리를 인정한다고 해서 그 권리가 자연권은 아니라는 점이다. 마찬가지로 자유주의적 사회주의 체제의 기업 형태인 노동자 소유 관리 기업을 만들 수 있는 노동자의 권리 또한 자연권은 아니다.

제1부
원리론

　공정으로서의 정의justice as fairness는 사회적 협동 작업에서 정의의 역할과 일차적으로 정의의 주제가 되는 사회의 기본적 구조에 대한 설명으로 시작한다. 공정으로서의 정의는 전통적인 사회계약론의 입장을 일반화하고 추상화한 이념이다. 여기에서 사회계약의 개념은 최초의 상황이라는 개념으로 대치된다. 그 이유는 정의의 원칙이 선택되는 원초적 합의에 도달하려면 몇 가지 절차적 제약 조건을 내포하는 개념을 요구하기 때문이다.

제1장 공정으로서의 정의

1장에서 롤즈는 몇 가지 철학적 전통보다 더욱 실행 가능한 대안이 될 수 있는 정의론을 구성해내는 일을 자신의 목표로 설정한다. 이런 목표 아래 그는 공정으로서의 정의에 관해 설명을 제시하고, 이 정의관을 고전적 공리주의, 직관주의적 정의관 등과 비교하여 그것들의 차이점을 밝히는 작업에 착수한다.

1) 정의의 역할

진리는 사고 체계의 영역에서, 정의는 사회 제도의 영역에서 각각 제1덕목의 지위를 점하고 있다. 진리가 아닌 것은 거부되거나 수정되어야 하며 옳지 않은 것은 개선되거나 철폐되어야 한다. 전체 사회의 복지를 위한다는 명분을 내세워 개인의 자유를 짓밟으려는 입장에 대해 정의는 강력한 억제력을 발휘하여 모두의 불가침성을 보증하는 역할을 한다. 그러므로 정의는 다른 사람의 선을 위해 소수의 자유를 희생시키려는 태도를 옳지 않은 태도로 여긴다. 정의가 보장하는 권리는 정치적으로 거래되거나 사회적 이득에 따른 계산의 대상이 될 수 없다.

정의의 원칙의 역할은 무엇인가? 사회는 그 구성원 사이에 상호 구속력을 행사할 수 있는 행동 규칙을 인정한 후 그 규칙에 따르는 사람이 모여서 결성한 어느 정도 자족적인 조직체이다. 그리고 사회는 구성원 사이의 상호 이익을 위한 협동체이면서도 이해관계의 일치와 상충이라는 특성을 지닌다. 이로부터 어떤 사회 체제에 따라 이득을 분배할 것인지, 어떤 사회 정의의 원칙 체계에 근거해 분배의 몫을 정해야 하는지의 문제가 대두한다. 또한 인간 사회가 존립하려면 정의관은 합의의 기준·조정·효율성·안정성 등의 선결 조건을 다루어야 한다. 그러므로 정의관의 역할은 기본적 권리와 의무를 명시해주고, 적절하게 분배의 몫을 정해주는 역할뿐만 아니라 효율성·조정·안정성 등의 문제를 고려하는 데 있다.

2) 정의의 주제

정의의 주제는 일차적으로 사회의 기본적 구조이다. 그

것은 사회의 주요 제도가 권리와 의무를 분배하고 사회 협동체에서 발생한 이익을 어떻게 분배할 것인지를 결정하는 방식이다. 주요 제도는 정치의 기본법, 기본적 경제 체제와 사회 체제를 지칭한다. 주요한 사회 제도의 예로는 사상과 양심의 자유, 경쟁적 시장, 생산수단의 사유 등을 법적으로 보호하는 것과 일부일처제 등이 있다.

  그런데 주요제도, 즉 기본적 구조 속에는 여러 가지 서로 다른 사회적 지위가 속해 있으며, 각각의 지위로 태어난 사람은 정치 체계, 경제적·사회적 여건에 따라 어느 정도까지는 이미 정해진 서로 다른 기대를 하게 된다. 이런 식으로 사회 제도는 어떤 출발점을 다른 출발점보다 유리하게 만든다. 이야말로 아주 심각한 불평등이다. 사회 정의의 원칙은 이러한 불가피한 불평등에 제일 먼저 적용된다.

3) 정의론의 주요 관념

  『정의론』의 목적은 로크John Locke(1632~1704), 루소Jean-Jacques Rousseau(1712~1778) 그리고 칸트Immanuel Kant(1724~1804)로 대변되는 사회계약론에 대해 추상화 작업을 거쳐 더욱 일반화

된 정의관을 제시하는 데 있다. 이를 위해 그는 원초적 계약의 관념을 정의론에 도입한다. 원초적 계약은 특정 사회나 정부를 설립하려는 것이 아니라 사회의 기본적 구조에 적용할 정의의 원칙을 합의의 대상으로 한다. 원초적 합의로 채택한 원칙은 나중의 모든 합의를 규제하게 되며, 앞으로 우리가 어떤 종류의 사회 협동체에 참여해야 하고, 어떤 형태의 정부를 설립해야 하는지 명시해준다. 정의의 원칙을 이런 방식으로 해석하는 것을 공정으로서의 정의라고 한다.

공정으로서의 정의에서 제안된 평등한 원초적 입장original position은 전통적 사회계약론에서 말하는 자연상태와 유사하다. 그 입장은 공정으로서의 정의에 도달할 수 있도록 규정된 순수하게 가상적인 상황이다. 이 상황에서는 모든 사람의 사회적 지위나 계층상의 위치, 그리고 자연적 자산이나 능력·지능·체력 등을 전혀 모르고 있는 것으로 가정한다. 심지어 각 당사자는 그들 자신의 가치관이나 특수한 심리적 성향까지도 모른다. 이와 같은 무지의 베일 속에서 정의의 원칙이 선택된다. 무지의 베일은 태생적인 우연성과 사회적 여건에 의한 우연성을 배제해주어 아무도 자신에게 유리하거나 불리한 원칙을 선택하지 않도록 한다. 그래서 무지의 베일에서 구성된 정의의 원칙은 결과적으로 그것의 공정성이 보장되는 합의나 거래가 된다. 또한 최초 상황의 모든 당사자는 합리적이고 상호 무관심한 존재로 여겨진다. 이것은 그들이 서로의 이해관계에 관심이 없다는 것을 의미할 뿐이지 그들이 이기주의자라는 말은 아니다. 원초적 입장의 여건에 처해 있는 도덕적 인격체이자 합리적 존재인 개인으로서의 당사자에게 이러한 최초의 상황이란 공정한 것이다. 그래서 원초적 입장은 적절한 최초의 원상 status quo이며, 그곳에서 이루어진 기본적 합의는 공정하다.

평등한 상황에서 이루어진 원초적 합의에 따라 정의의 원칙이 선택된다면 효용utility(공리)의 원칙은 인정받을 수 없게 된다. 어떤 원칙이 다른 사람의 더 큰 이득 총량을 위해 어떤 계층의 사람에게 더 작은 인생의 전망을 강요하고 있다면 자신의 요구나 다른 사람의 요구가 동등한 비중을 갖고 있다고 생각하는 사람은 결코 그런 원칙에 동의하지 않을 것이다. 모든 사람은 자신의 선을 중진하고 자기 이익과 능력이 보호되기를 원한다. 그 때문에 다른 사람이 누릴 만족의 더 큰 순수 잔여량을 얻기 위해 자기에게 돌아올 손해를 말없이 감내할 필요는 없다. 이런 의미에서 효용의 원칙은 상호 이익의 증진을 위해 모인 평등한 사람의 집합체를 의미하는 사회적 협동체라는 관념과 양립하지 않으며, 질서 정연한 사회라는 개념이 내포하고 있는 호혜성의 이념과도 일치하지 않는다.

원초적 입장의 당사자는 다음과 같이 서로 다른 두 가지 원칙을 선택한다. 하나는 기본적 권리와 의무가 평등하게 할당되어야 한다는 원칙이며, 다른 하나는 여러 가지 사회적·경제적 불평등이 사회의 최소 수혜자에게 그 불평등만큼 보상적 이득을 줄 경우에만 정당하다는 원칙이다.

4) 원초적 입장과 정당화

원초적 입장에 관한 정당화의 문제는 설정된 계약적 상황 속에서 채택한 어떤 원칙이 합리적으로 선택되었는가를 숙고해보면 해결된다. 정의론은 이런 방식으로 합리적 선택이론과 관련되어 있다.

원초적 입장은 정의의 원칙을 선택하기 위해 최초의 상황으로 설정된 가장 유력한 철학적 해석이다. 원초적 입장을 가장 유력한 해석으로 여기는 이유는 그것이 몇 가지 전제 조건을 충족해주기 때문이다. 원초적 입장이 충족해야 할 조건으로는 다음과 같이 몇 가지 전제가 있다. 정의의 원칙은 일반적으로 공유되는 자연스럽고 현실성 있는 전제 아래에서 선택해야 한다. 개인의 타고난 운수, 개인의 성향·야망·가치관, 그리고 사회적 여건 등이 선택될 정의의 원칙에 영향을 주어서는 안 된다. 사람을 불화와 편견으로 인도하는 우연적 여건에 관련된 지식은 배제해야 한다. 정의의 원칙에 관한 논증이 이러한 제한 조건을 충족하려면 우리는 언제든 일정한 절차로서 원초적 입장을 취해야 한다.

원초적 입장의 특성은 인간 사이의 상호 평등이라는 측면과 반성적 평형상태reflective equilibrium라는 측면에서 규명된다. 인간 사이의 상호 평등이라는 측면에서 원초적 입장의 모든 당사자는 평등하다. 그들은 정의의 원칙을 선정하는 절차상의 평등한 권리를 지니며, 누구든 제안할 수 있으며, 그것을 이성적으로 수용한다. 이런 조건은 모든 사람이 도덕적 인격으로서 자신의 가치관을 지닌 동시에 정의감을 발휘할 능력을 소유한 존재로 여겨지는 인간 사이의 상호 평등을 드러내는 것을 그 목적으로 한다. 인간 사이의 상호 평등을 주장할 수 있는 근거는 두 가지 유사점에 기인한다. 하나는 각 개인이 추구하려는 개별적 목적 체계에서 목적 사이의 가치 우열을 가릴 만한 방법이 없다는 점이다. 다른 하나는 모든 사람이 어떤 정의의 원칙을 선택하든 그 원칙을 이해하고 실천하는 능력을 갖추고 있다는 점이다. 이러한 조건은 무지의 베일과 함께 평등한 존재로서의 합리적 개인이라면 누구나 동의할 수 있는 정의의 원칙을 규정해 준다.

반성적 평형상태라는 측면에서 원초적 입장의 특성은 그곳에서 선택될 정의의 원칙과 정의에 대한 우리의 숙고된 신념이 상호 일치하고 있는지, 정의의 원칙이 우리의 숙고된 신념을 올바르게 확대하여 반영하고 있는지 등을 살피는 일에서 드러난다. 정의의 원칙과 정의에 관한 우리의 숙고된 신념 ―예컨대 '종교적 편견과 인종 차별은 부당하다'― 사이에 불일치가 발생할 경우 최초의 상황에 대한 우리의 설명이나 숙고된 판단은 수정되어야 한다. 그 방법으로는 조각을 이리저리 맞추어 보기, 계약적 상황의 조건을 변경하기, 판단을 철회하기, 원칙에 따라 판단을 조정하기 등이 있다. 이처럼 정의의 원칙과 정의에 대한 우리의 숙고된 판단 사이의 상호 조정 과정에 의해 도달된 어떤 질서 있는 상태가 반성적 평형상태이다.

요컨대 원초적 입장은 무지의 베일, 인간 사이의 상호 평등, 그리고 반성적 평형상태 등의 개념으로 구성된 개념적 고안물이다. 그리고 원초적 입장에서 채택된 정의의 원칙은 이러한 최초의 상황으로부터 그것이 정당화되는 근거를 제공받게 된다.

5) 고전적 공리주의

정의론의 목적은 모든 종류의 공리주의 사상을 대체하기 위한 새로운 대안을 찾는 데 있다. 롤즈가 여기서 살피고 있는 공리주의는 대체로 시지윅Henry Sidgwick(1838~1900)에 의해 정식화된 고전적 이론이다. 그 사상의 핵심은 한 사회의 모든 개별적 구성원이 '만족의 최대 순수 잔여량'을 달성하도록 그 사회의 중요한 제도가 편성되어야 하고, 그렇게 편제된 사회는 올바르게 질서가 잡힌 정의로운 사회가 된다는 데 있다.

한 개인의 행복이 인생의 여러 시점에서 경험한 일련의 만족으로 달성되듯이, 그와 같은 방식으로 사회의 행복도 그 사회에서 살아가는 수많은 개인이 지닌 욕구 체계를 충족하여 성취된다. 개인의 원칙은 모든 개인의 복지와 욕구의 체계를 증진해야 하며, 마찬가지로 사회의 원칙은 집단의 복지를 증진해 사회구성원의 욕구로 이루어진 포괄적 욕구 체계를 실현해야 한다. 또한 한 개인이 자신의 현재와 미래의 손익을 비교해 보듯이 사회도 여러 개인 사이에 발생하는 이익과 불만의 문제를 비교해보는 방식으로 자연스럽게 효용(공리)의 원칙에 도달한다. 이 원칙은 한 개인의 선택 원칙을 수많은 개인으로 이루어진 사회 조직체에 확대 적용한 원칙에 해당한다.

공리주의는 개인의 합리적 선택 원칙을 사회에 적용하기 위해 '공평한 관망자impartial spectator'나 '공감적 동일시 sympathetic identification'라는 개념을 도입한다. 모든 사람의 욕구는 공평한 관망자에 의해 하나의 일관된 욕구 체계로 조직되며 많은 사람은 하나가 된다. 공평한 관망자는 이상적 공감 능력과 상상력에 근거하여 다른 사람의 욕구를 마치 자신의 욕구인 것처럼 경험하고 동일시한다. 이렇게 하여 공평한 관망자는 확인된 욕구의 강도에 따라 각각의 개인에게 적절한 비중의 욕구를 할당해 준다. 또한 공평한 관망자로서 이상적 입법자는 하나의 일관된 욕구 체계의 만족을 극대화하는 방향으로 사회 체계의 규칙을 정비한다. 이상적 입법자의 관점에서 볼 때 각각의 개인은 욕구를 최대로 만족하게 해주는 규칙에 근거해서 권리와 의무를 할당받는 존재이며, 어떻게든 욕구를 충족시켜줄 수 있는 수단을 배분받아야만 하는 서로 다른 계열로 여겨진다. 그러므로 이상적 입법자가 내리는 결정은 어떤 상품을 생산하여 자기 이익을 극대화하려는 기업가의 결정이나 어떤 상품을 구매하여 자기만족을 극대화하려는 소비자의 결정과 사실상 흡사하다. 이런 관점에서 볼 때 사회 정의란 집단의 복지를 증진하기 위한 합리적 타산rational prudence의 원칙에 불과하다.

공리주의는 전형적인 목적론적 윤리설이다. 목적론은 좋음the good(선)과 옳음the right(정당성)을 서로 상관이 없는 것으로 간주하며 옳음이란 좋음을 극대화하는 것일 뿐이라고 규정한다. 정확히 말하자면 어떤 제도나 행위가 옳은 제도나 행위가 되려면 여러 대안 가운데 최대의 선을 산출하든가 아니면 다른 어떤 제도나 행위에서 산출된 만큼의 선이 되어야 한다고 본다. 목적론은 합리성의 구현을 목표로 한다. 합리성은 선의 극대화를 지칭한다. 그래서 사회가 최대의 선, 즉 각 개인이 지닌 합리적 욕구에 대한 만족의 총량을 최대로 산출할 수 있는 방식으로 편성되어야 한다는 주장이 자명한 요구가 된다.

그런데 정작 공리주의적 정의관은 달성된 만족의 총량이 각 개인에게 어떤 방식으로 분배되는지에 대해선 직접 문제 삼지 않으며, 어떤 경우든 각 개인의 욕구를 최대한으로 만족하게 해줄 수 있으면 그것이야말로 올바른 분배가 된다고 주장한다. 그래서 공리주의는 사회가 가능한 한 만족의 수단(권리와 의무·기회와 특권·부)을 최대한으로 분배해야 한다고 주장할 뿐이다.

그러나 공리주의는 우리가 어떤 이익의 총량을 극대화해야 할 상황에 이르게 되면 자유와 권리의 보호, 당연한 보답 등에 관련한 신조를 어겨도 된다고 생각한다. 그래서 공리주의는 어떤 사람이 더 큰 이익을 획득하게 되면 다른 사람이 입은 더 작은 손실이 저절로 보상되리라고 생각한다. 더욱 강조하자면 공리주의가 다수자의 더 큰 선을 위해 소수자의 자유를 서슴없이 박탈할 수도 있다는 점이다.

6) 몇 가지 관련된 대비

공정으로서의 정의와 공리주의를 정의의 우선성에 관한 시각의 차이점, 사회적 선택 원칙을 설정하는 방식의 차이점, 의무론에 대한 새로운 규정을 통해서 제시된 차이점, 좋음에 대한 옳음의 우선성의 관점에서 고찰된 차이점, 그리고 사회관에 대한 인식에서 나타나는 차이점 등 다섯 가지로 상호 대비해볼 경우 양자 사이의 차이점은 명료하게 드러난다.

공정으로서의 정의의 관점에서 볼 때 사회의 모든 구성원은 정의나 혹은 자연권에 기초한 불가침성을 지닌다. 이것은 다른 모든 사람을 위한다는 명분으로 이루어지는 복지의 수행으로 자행될 수 있는 모든 유린 행위를 거부한다. 정의는 어떤 사람이 자유의 상실로 받은 손실이 다른 사람이 획득할 더 큰 선으로 보상될 수 있다는 생각에 반대한다. 정의가 보장하는 모든 권리는 정치적 서래의 대상이 아니며 사회적 이득의 계산에 좌우되는 희생물도 아니다. 이것이 공정으로서의 정의가 지닌 정의의 우선성에 대한 신념이다. 반면에 공리주의자는 상식적 정의관과 자연권의 관념을 부분적으로만 타당성을 갖는 이차적인 규칙으로 치부해버린다. 그래서 공리주의자는 상식적 정의관이나 자연권의 관념을 따를 경우 커다란 사회적 효용이 산출되는데 바로 이런 이유로 그것들을 규칙으로 인정할 뿐이라고 주장한다. 이것이 정의의 우선성에 관한 양자 사이의 시각의 차이점이다.

공리주의는 사회적 선택 원칙을 개인적 선택 원칙의 확장으로 생각하는 반면에 공정으로서의 정의는 사회적 선택 원칙을 원초적 합의의 대상으로 본다. 인간 사회는 본질적으로 독립된 수많은 개인의 복합체이며 그들 각각은 서로 다른 목적 체계를 갖는 존재로 여겨진다. 그 때문에 공리주의적으로 채택되는 사회적 선택 원칙은 기대할 만한 것이 되지 못한다. 개인의 합리적 타산 원칙을 사회적으로 확대했다고 해서 그것이 곧바로 사회적 선택 원칙이 되지는 않는다. 이런 식으로 쉽사리 사회적 선택의 원칙이 채택될 수 있다고 생각하는 것은 개인의 다수성이나 특수성을 무시하는 것이며 또한 사람 사이의 합의에 따라 정의의 기초가 성립된다는 사실을 부정하는 것이다. 이것이 사회적 선택 원칙을 설정하는 방식에서 오는 양자 사이의 차이점이다.

공리주의는 목적론이며 공정으로서의 정의는 의무론이다. 의무론은 비목적론적 이론으로 규정된다. 전통적으로 의무론은 제도나 행위의 옳음 여부를 가릴 때 그것들의 결과와 무관하게 규정되곤 했다. 그러나 이런 의미의 의무론이 선호되어야 할 이유는 없다. 제대로 된 윤리설이라면 옳음의 여부를 판단할 때 그 결과도 고려해야만 한다. 이것이 의무론에 대한 새로운 규정을 통해 제시된 양자 사이의 차이점이다.

공리주의는 만족의 최대 총량에 초점을 맞춘 제도적 편

성과 만족이 행복의 총량에 미치는 영향 관계에 관심을 기울인다. 공리주의적 관점에서 볼 때 사회 복지에 대한 만족과 불만족의 정도는 복지에 대한 개인의 만족도나 불만족도에 의해 좌우된다. 그래서 공리주의는 가능하다면 만족의 순수 잔여량에 부정적인 영향을 미치게 될 욕구와 성향을 배제해 그 잔여량이 감소하는 것을 억제하려고 한다. 그러나 이와는 달리 공정으로서의 정의에 따르고자 하는 사람은 정의의 원칙이 요구하는 사항에 자신의 가치관을 순응시킨다. 다른 사람의 손실로부터 나에게 오는 쾌락이 있다면 그것은 두말할 나위 없이 정의롭지 못한 일이며, 이런 식으로 어떤 만족이 산출되었다면 그것은 내가 원초적 입장에서 채택한 정의의 원칙을 스스로 위반했음을 뜻한다. 이 원칙이 맡는 역할은 어떤 만족을 가치 있는 만족이라고 말할 수 있는지 한계를 설정하고, 무엇을 충족시켜야만 합리적 가치관이 될 수 있는지 제한을 부여하는 데 있다. 이러한 역할은 결국 '옳음의 개념은 좋음의 개념에 선행한다'는 주장에 기초한다. 이것이 '좋음에 대한 옳음의 우선성'의 관점에서 고찰된 양자 사이의 차이점이다.

마지막으로 공정으로서의 정의에서는 질서 정연한 사회를 원초적 입장에서 채택하게 될 정의의 원칙에 의해 규제되는 상호 이익을 위한 협동 체제로 인식한다. 그런데 고전적 공리주의는 공평한 관망자에 의해 융합적으로 구성된 하나의 일관된 욕구 체계를 최대한으로 만족하게 하고자 한다. 이 때문에 사회적 자원이 효율적으로 관리되는 사회가 요구된다. 공리주의는 그런 사회를 질서 정연한 사회로 생각한다. 이것이 사회관에 대한 인식에서 나타나는 양자 사이의 차이점이다.

7) 직관주의

직관주의intuitionism는 그 무엇으로도 바뀔 수 없는 다수의 제1원칙을 인정한다. 그러나 다수의 제1원칙 사이에는 그것들 사이의 우선순위 다툼으로 인한 갈등의 여지가 상존한다. 직관주의적 이론이 가진 가장 큰 특징을 두 가지로 정리해 볼 수 있다. 첫째, 직관주의적 이론은 상황마다 서로 전혀 다른 행위 지침을 제공하여 불가피하게 서로 충돌을 야기하는 제1원칙으로 구성된 다원적 원칙 체계이다.

둘째, 그 이론은 서로 충돌을 일으키는 제1원칙 사이의 비중을 가려줄 어떤 방법이나 규칙을 갖고 있지 않다. 그래서 직관주의는 직관에 의존하여 제1원칙 사이의 가장 그럴듯한 균형점을 그때그때 찾으려 한다.

상식적인 직관주의는 그 형식상 어느 정도 특수한 신조의 집합으로 구성된다. 그래서 이 신조 사이에는 우선순위가 정해질 필요가 있다. 그리고 상식적인 직관주의는 특수한 신조로 구성된 각각의 집합이 정의와 관련하여 각각 특정한 문제 영역에 적용되는 것으로 간주한다. 말하자면 공정한 임금의 문제는 공정한 임금의 문제대로, 과세의 문제는 과세의 문제대로, 처벌의 문제는 처벌의 문제대로 각각의 문제 영역에 적용되는 조항으로만 구성된 집합으로 이루어진다. 예컨대 공정한 임금이라는 개념이 정립되려면 기술·훈련·노력·책임·일의 위험성 등 여러 경쟁적 기준이 필요하며 이것 사이의 비중을 재어 보아야 하고, 기본적 생활을 유지하는 데 필요한 급여 수준에 대해서도 고려해 보아야 한다. 어떤 하나의 조항만으로 공정한 임금을 결정할 수는 없기 때문이다.

직관주의적 원칙의 한 전형으로 '총합-분배의 이분법적 원칙the aggregative-distributive dichotomy'을 들 수 있다. 총합-분배의 이분법적 원칙 가운데 총합의 원칙은 효용의 원칙에 해당한다. 이 원칙은 사회의 기본적 구조가 만족의 최대 순수 잔여량을 달성할 수 있도록, 즉 최대선을 산출할 수 있도록 편제되어야 할 것을 요구한다. 이런 의미에서 총합의 원칙은 효율성의 척도로 작용한다. 반면에 분배의 원칙은 산출된 만족을 평등하게 분배하려는 원칙이기 때문에 전체적인 행복의 추구보다는 이득의 균등한 분배에 초점을 맞춘다. 이런 점에서 분배의 원칙은 정의의 척도 역할을 한다. 그러나 총합-분배의 이분법적 원칙은 커다란 약점을 갖게 된다. 그 약점이란 총합의 원칙과 분배의 원칙 사이의 비중을 재어서 양자 사이의 우선순위를 가려내 줄 수 있는 어떤 우선성 규칙이 없다는 점이다. 총합-분배의 이분법적 원칙은 서로 상충하는 두 원칙을 단순히 조합시켜 놓은 것에 불과할 뿐이다.

직관주의적 입장이 갖는 가장 큰 특징은 어떤 윤리적 기준 대신에 무엇보다도 먼저 우리의 직관 능력에 의존한다는 점에 있다. 그러므로 직관주의에 논박을 가할 수 있는 유일한 방법은 우리가 숙고된 판단을 내리고자 할 때 여러 원칙 사이의 비중을 합당하게 가릴 수 있고, 그런 식으로 비중이 가려진 이유를 설명할 수 있는 윤리적 기준의 제시에 있다.

8) 우선성 문제

고전적 공리주의는 다수의 제1원칙 사이의 경중을 직관에 의존하여 가리는 것을 적극적으로 반대한다. 제1원칙 사이의 비중을 조정하는 일은 효용의 원칙에 따라 이루어져야 한다. 밀John Stuart Mill(1806~1873)과 시지윅은 효용의 원칙만이 유일하게 그러한 역할을 수행해 낼 수 있다고 믿는다.

직관에 의존하는 일을 전적으로 회피하려는 공리주의 입장과는 다르게 공정으로서의 정의에서는 우선성 문제를 해결하는 데 어느 정도까지는 직관에 의존할 필요성을 인정하며, 직관에 의지하는 일이 반드시 불합리하다고는 생각하지 않는다. 그러나 공정으로서의 정의는 다음 세 가지 점에서 직관의 역할을 제한한다. 첫째, 정의의 원칙은 원초적 입장이라는 상황에서 선택한 결과이지 직관으로 선택한 결과가 아니라는 점이다. 둘째, 직관에 지나치게 의존하지 않더라도 서열적이거나 축차적인 순서로 이루어진 정의의 원칙을 발견할 수 있다는 점이다. 셋째, 직관에 더 많이 의존하는 것으로 여겨지는 도덕 판단을 이용하는 대신에 합리적인 타산적 사려 판단을 사용하여 직관에 의존하는 정도를 줄일 수 있다는 점이다.

공정으로서의 정의의 실제적 목적은 어떤 판단이 공통된 정의관으로 인정받으려면 반드시 거쳐야 하는 합리적으로 신뢰할 만한 합의를 도출시키는 데 있다. 정의의 원칙 사이의 우선성을 가릴 때 많은 사람이 내린 직관적 판단이 유사하다면 그렇게 선정된 원칙을 정식화하는 데 아무런 문제가 없을 것이다. 그러나 직관적 판단이 서로 다를 경우 어떤 판단이 더 옳은 판단인지를 판정해 줄 기준이 애매하다는 난점이 발생한다. 이러한 난점을 해소하려면 정의에 관한 여러 숙고된 판단을 상호 정합적으로 일치할 수 있게 해주는 정의관을 정식화해내야만 한다.

9) 도덕 이론에 관한 몇 가지 언급

도덕 이론의 성격에 대한 간단한 논의를 위해서는 반성적 평형상태에서 이루어진 숙고된 판단의 개념과 그것이 도입된 이유를 설명해야 한다.

도덕 철학이란 우리의 도덕 능력을 설명해 보려는 시도이다. 특히 정의론은 도덕 능력으로서의 정의감을 규제하는 원칙을 제시해 줄 수 있는 '도덕적인 고상한 감정moral sentiments'(도덕감)에 관한 이론이다. 그래서 우리 자신의 여건에 관한 신념과 지식을 양심적이면서도 지성적으로 적용하고자 할 경우 우리에게 필요한 것은 우리가 어떤 정당한 이유를 가진 숙고된 판단을 내릴 수 있게 하는 원칙을 정식화하는 일이다. 우리의 일상에서 행해지는 판단이 어떤 정의관이 견지하고 있는 원칙에 일치하여 내려진 판단이라면 그 정의관 속에는 이미 우리의 도덕적 감수성에 대한 기술이 포함되어 있다고 할 수 있다. 그래서 정의감을 이해하는 일은 원칙을 아는 일과 같은 의미가 된다. 이런 점에서 원칙은 정의감을 설명해줄 수 있는 가설이 된다.

한편 숙고된 판단은 정의감을 발휘하기에 유리한 조건

에서 내린 판단을 지칭한다. 숙고된 판단은 그릇되고 왜곡된 판단, 예컨대 주저하는 상태에서 내린 판단, 별로 확신이 없는 태도로 내리는 판단, 당황하거나 놀란 상태에서 내린 판단, 고집부리려고 작정하고 내린 판단 등과는 다르다. 따라서 숙고된 판단은 어떤 잘못에 대해 핑계나 변명을 댈 수 없는 분명한 상황에서 이루어진 판단이다. 사람이 가지고 있는 정의감을 가장 잘 설명해 줄 수 있는 것은 어떤 특정한 정의관과는 상관없이 그것에 선행하여 그가 고수해왔던 판단에 어울리는 설명이 아니라 반성적 평형상태 속에서 이루어진 그의 숙고된 판단에 부합하는 설명이다.

제2장 정의의 원칙

2장에서는 제도에 적용되는 정의의 두 원칙과 개인에게 적용되는 원칙인 공정성의 원칙 그리고 자연적 의무에 대한 논의를 통해 그것들의 의미를 드러내는 데 주력하고 있다. 구체적인 내용을 말하자면 제도와 형식적 정의, 세 가지 종류의 절차적 정의, 정의관에서 선의 이론이 차지하는 위치, 그리고 정의의 원칙이 평등주의에 의거하여 갖게 되는 의미 등이다.

10) 제도와 형식적 정의

제도란 권리와 의무, 권한과 면제 등이 수반되는 직책과 직위를 규정하는 공적인 규칙 체계이다. 제도를 공적인 규칙 체계라고 말할 수 있는 까닭은 제도에 참여한 모든 사람이 이러한 규칙과 그것이 규정하고 있는 행위에 참여하는 것이 합의의 결과일 경우 그 결과에 대해 알아야 할 것은 모두 알고 있다는 점 때문이다. 이런 의미에서 공지성 publicity을 지닌 규칙은 허용과 금지되는 행동을 명시하며, 이러한 규칙을 위반한 사람에게는 일정한 형벌을 가하고, 아울러서 위반한 이유에 대해 답변을 요구한다. 제도 혹은 더 일반적 의미에서 사회적 관행에 속하는 것으로는 게임·의식·재판·의회·시장·재산 체계 등이 있다.

어떤 기본적 구조, 즉 제도가 존재하고 그 제도를 규제하는 규칙이 어떤 정의관을 만족하게 한다면 그 규칙은 다름 아닌 정의의 원칙에 해당한다. 이러한 정의관이 사회적으로 널리 수용되고 있으며 그 제도가 재판관이나 여타의 관리에 의해 공평하고 일관되게 운용되고 있다면, 정의의 원칙의 실질적 내용이 무엇이 되었든 이처럼 법과 제도가 공정하고 일관되게 운용되는 것을 일컬어 형식적 정의formal justice라고 한다. 형식적 정의는 해당하는 법과 제도에 의해 규정되는 모든 계층의 사람에게 이 법과 제도가 평등하게 적용될 것을 요구한다. 형식적 정의는 원칙을 고수하는 것이며 체계에 복종하는 것이다. 그래서 이 형식적 정의, 즉 규칙성으로서의 정의만으로도 아주 정의롭지 못한 일도 막아낼 수 있다. 또한 법의 측면에서 볼 때 형식적 정의는 법의 지배의 한 국면에 해당하므로 개인의 합당한 기대치를 지지하고 보장해주는 역할을 한다.

형식적 정의, 법의 지배, 합당한 기대치에 대한 존중 등은 실질적 정의substantive justice를 발견하는 데 도움이 된다. 그리고 규칙을 공정하고 일관되게 준수하려 하고, 유사한 사례는 유사하게 취급하려 하며, 공공 규범을 적용했을 때 나타난 결과를 기꺼이 수용하려고 하는 욕구 등은 다른 사람이 지닌 자유와 권리를 인정하려 하고, 사회 협동체에서 발생한 이득과 부담을 공정하게 분배하려고 하는 욕구나 의향과도 매우 밀접하게 관련되어 있다.

11) 정의의 두 원칙

원초적 입장에서 선택될 것으로 여겨지는 정의의 두 원칙은 가설적이고 잠정적인 형식으로 진술된다. 정의의 두 원칙에 대한 첫 번째 진술은 다음과 같다.[2]

첫째, 각자는 다른 사람의 유사한 자유의 체계와 양립할 수 있는 평등한 기본적 자유의 가장 광범위한 체계에 대해 평등한 권리를 가져야 한다. 둘째, 사회적·경제적 불평등은 (a) 모든 사람에게 이득이 될 것이라고 합당하게 기대할 수 있도록, 그리고 (b) 모든 사람에게 개방된 직위와 직책에 귀속될 수 있도록 배정되어야 한다.

---

[2] Rawls, J., *A Theory Of Justice*, revised edition (Cambrige : The Belknap Press of Harvard University Press, 2003), 53쪽.

정의의 두 원칙에 따를 경우 사회 구조는 두 가지 다소 상이한 측면을 갖게 된다. 하나는 평등한 기본적 자유의 종류와 내용을 규정하고 보장하는 측면이며, 다른 하나는 사회적·경제적 불평등의 기준을 규정하고 확립하는 측면이다.

정의의 제1원칙은 기본적 자유를 규정하는 규칙이 모든 사람에게 평등하게 적용될 뿐만 아니라 할 수 있는 한 가장 광범위한 자유를 허용할 것을 요구한다. 그러나 기본적 자유가 서로 상충할 경우에는 기본적 자유를 제한하고 그 범위를 협소하게 해놓아도 된다. 정의의 제1원칙에 의해 요구되는 평등한 기본적 자유로는 정치적 자유, 언론의 자유, 결사의 자유, 양심의 자유, 사상의 자유, 인신의 자유, 사유 재산을 소유할 권리, 그리고 임의적인 체포와 구금으로부터의 자유 등이 있다.

정의의 제2원칙은 소득과 부의 분배, 권한과 책임에 따라 차이 날 수밖에 없는 조직을 고안하는 데 적용된다. 부와 소득이 모두에게 균등하게 분배될 필요는 없다. 그러나 그 분배는 모든 사람에게 이익이 되는 방향으로 이루어져야 한다. 동시에 어떤 권한과 책임을 갖게 되는 직위는 누구나 접근할 수 있어야 한다. 이러한 조건이 갖추어져야 비로소 모든 사람에게 이익이 되는 방향으로 사회적·경제적 불평등이 편성된다. 제2원칙을 적용할 때 고려해야 할 복지에 대한 기대치는 여러 가지 사회적 지위를 대변하는 여러 대표적 개인에게 할당되며, 이러한 기대치는 그들의 사회적 지위에 걸맞은 인생 전망을 의미한다. 이들의 기대치는 기본적 구조 속에서 이루어진 권리와 의무의 분배 방식에 의존한다. 각 기대치는 상호 관련되어 있으므로 어떤 사회적 지위에 있는 대표적 개인의 전망이 증가할 경우 다른 사회적 지위에 있는 대표적 개인의 전망은 증가하거나 감소한다. 그래서 제2원칙은 사회의 기본적 구조가 불평등을 허용하고 있다면 모든 사람이 마땅히 그 불평등으로부터 이익을 얻어 낼 수 있어야 한다고 강력히 주장한다. 그리고 어떤 사회적 지위에 있는 사람이 불이익을 받았을 경우 그 불이익이 다른 사회적 지위에 있는 사람이 받게 될 더 큰 이익에 의해 보상될 수 있다는 이유를 들어 소득이나 조직 내의 권한 등에 차등을 두려고 하는 행위는 절대로 정당화될 수 없다. 자유의 침해가 이런 식으로 보상될 수는 없기 때문이다.

정의의 원칙은 제1원칙이 제2원칙에 우선한다. 정의의 원칙이 서열적 순서로 되어있는 이유는 제1원칙에 의해 보장되는 평등한 기본적 자유가 사회적·경제적 이득이라는 이유 아래 침해받아서는 안 되며, 또한 그 침해에 대해 어떠한 보상도 있을 수 없기 때문이다. 평등한 기본적 자유는 이것이 서로 상충할 때 오직 그때에만 기본적 자유의 내부에서 제한되거나 조정될 수 있다. 이런 과정을 거쳐서 하나의 기본적 자유 체계가 형성될 수 있는데, 이 체계 또한 모든 사람에게 같은 자유 체계여야 한다. 생산수단과 같은 특정한 종류의 재산에 대한 권리나 자유방임론적 이해에 근거한 계약의 자유는 제1원칙의 우선성에 의해 보호되는 기본적 자유가 아니라는 사실에 유념할 필요가 있다. 그리고 제2원칙과 관련하여 반드시 언급되어야 할 사항은 부와 소득의 분배, 권한과 책임을 갖는 직위는 기본적 자유나 기회 균등과도 양립할 수 있어야 한다는 점이다.

정의의 두 원칙과 비교되는 일반적 정의관은 다음과 같

이 기술된다.[3]

> 모든 사회적 가치—자유와 기회, 소득과 부, 그리고 자존감
> 의 사회적 기반—는 이러한 가치의 일부 또는 전부의 불평등
> 한 분배가 모든 사람에게 이득이 되지 않는 한 평등하게 분
> 배되어야 한다.

정의의 두 원칙과 일반적 정의관을 비교하려면 우선 사
회의 기본적 구조가 이른바 기본적 가치primary goods를 분배
한다고 가정할 필요가 있다. 기본적 가치란 합리적인 사람
이라면 누구나 가지고 싶어 하는 것을 말한다. 이 기본적
가치는 어떤 사람이든 그 사람의 합리적 인생 계획을 위해
요구되는 것이다. 기본적 가치에는 권리·자유·기회·소
득·부·자존감 등의 사회적인 기본적 가치와 건강·정력·
지능·상상력 등의 자연적인 기본적 가치가 있다.

정의의 두 원칙과 일반적 정의관을 비교해 볼 때 가장 큰

---

3 같은 책, 54쪽.

차이점은 다음과 같다. 즉 일반적 정의관이 사회적인 기본적 가치를 분배할 때 어떤 종류의 불평등을 허용할 것인지 아무런 제한 사항도 마련해놓지 않고서 그저 모든 사람의 처지가 개선되기를 바라는 입장의 표명에 그치고 있다는 점이다. 이 때문에 일반적 정의관에 따를 경우 돌아오는 경제적 보상이 정치적 권리를 압도할 정도가 되면 많은 사람은 그 보상 앞에 무릎을 꿇을 가능성이 매우 높아지게 된다. 정의의 두 원칙은 원천적으로 이런 종류의 거래를 배제하기 위해 그 원칙을 서열적 순서로 배열한다. 그래서 이 원칙은 평등한 기본적 자유가 경제적·사회적 이득과 교환되는 것을 허용하지 않는다. 기본적 권리와 자유는 경제적·사회적 이득과는 엄격히 구분된다. 이러한 구분은 사회적인 기본적 가치 사이에 엄존하고 있는 차이를 보여준다. 일반적 정의관은 이러한 차이를 간과하고 있다.

12) 제2원칙에 대한 해석

정의의 제2원칙 중 '모든 사람에게 이득'이라고 말한 부분과 '모든 사람에게 평등하게 개방된'이라고 표현된 부분은 사실상 그 의미가 명료하지 않다. 이로부터 제2원칙은 그것을 최초의 분배 문제와 관련하여 고찰해 볼 경우 적어도 네 가지 의미, 즉 자연적 자유 체계, 자유주의적 평등 체계, 자연적 귀족주의, 그리고 민주주의적 평등 체계 등으로 해석된다.

자연적 자유 체계는 최초의 분배를 '재능이 있으면 출세할 수 있다'는 식의 관념에 근거하여 규제한다. 이 체계는 평등한 자유의 배경이나 자유 시장 경제 등을 전제 조건으로 성립한다. 또한 이 체계는 형식적 기회균등의 관점에서 모든 사람이 사회적으로 어떤 유리한 직위가 되었든 그것에 접근할 수 있는 평등한 법적 권리를 지녀야 한다고 주장한다. 그러나 필수적인 배경적 제도의 보전을 위해 불가피한 경우가 아니라면 사회적 여건을 평등하게 만들거나 그여건의 유사함을 보장하려는 아무런 노력도 기울이지 않는다. 그래서 최초의 자산 분배는 자연적·사회적 우연성에 의해 결정된다. 다시 말해 이 체계에서 현재 어떤 사람이 소유하고 있는 일정량의 소득과 부는 다음과 같이 설명된다. 즉 그의 소득과 부는 우리 각자에게 선행해서 분배된 천부적 재능과 능력 등의 자연적 자산이 사회적 여건이나 행운과 불운 등의 우연적 변수에 의해 계발될 수도 있고, 그렇지 못했을 수도 있는 데서 오거나, 일정 기간에 걸쳐서 그 자연적 자산이 유리하거나 불리하게 사용되어 생긴 누적의 결과이다. 이처럼 자연적 자유 체계는 지극히 임의적이고 우연적인 요인—자연적 운수·사회적 우연성—이 분배의 몫에 부당하게 간섭하는 것을 허용하여 그 체계 안에 내포된 부정의를 드러나게 한다.

자유주의적 평등 체계 혹은 자유주의적 해석의 입장은 자연적 자유 체계의 근본이념인 '재능이 있으면 출세할 수 있다'는 생각에 공정한 기회균등이라는 조건이 추가되어 성립된 체계이다. 이 체계는 공정한 기회균등에 기초하여 자연적 자유 체계에 포함된 부정의를 고치려고 한다. 자유주의적 평등 체계가 공정한 기회균등이라는 말로 내세우고자 하는 핵심 내용은 어떤 직위가 되었든 그것이 형식적으로만 개방되어서는 안 되고, 원하는 사람이면 누구나 그것을 실제로 획득하기 위해 공정한 기회가 주어져야만 한다는 주장이다. 바꿔 말해서 어떤 사람의 능력과 재능이 다른 사람과 비슷하다면 그들에게 주어지는 인생의 기회도 비슷해야 한다는 말이다. 그러므로 사회 체계 내에서 그들의 최초 지위가 무엇이든 그것과 관계없이 성공의 전망 역시 똑같아야 한다. 이로부터 자유주의적 평등 체계는 분배의 몫을 나눌 때 거기에 사회적 우연성이나 자연적 운이 개입하는 것을 최소화하려고 한다. 이러한 목적이 달성되려면 사회 구조에 더욱 기본적인 구조적 조건이 부과되어야 한다. 예컨대 자유 시장 체제는 경제적인 사태를 규정하고, 공정한 기회균등을 보장해 줄 수 있는 정치적·법적 제도의 구조 내에 자리해야 한다. 문화적 지식과 기술을 습득하는 기회가 그 사람의 계급적 지위에 따라 영향을 받아서는 안 된다.

자유주의적 평등 체계(자유주의적 입장)에는 분명히 사회적 우연성의 영향을 감소시키는 장점이 있다. 하지만 그 체계에는 각자가 천부적으로 배분받은 능력과 재능에 의해 부나 소득이 분배된다는 결점이 있다. 소득과 부의 분배는 그것이 역사적이거나 사회적인 행운에 의해서든 자연적 자산의 분배에 따라서든 어느 쪽도 허용해서는 안 된다. 더군다나 가족 제도가 존속하는 한 기회균등의 원칙은 불완전한 성취를 가져올 뿐이라는 점에 주목해야 한다. 우리가 가치 있는 존재가 되기 위해 노력하고 애쓰는 과정에서 보여주는 의욕마저도 가정이 얼마나 행복한가에 따라 그리고 사회적 여건이 어떠한가에 따라 증감하기 때문이다. 따라서 우리는 이러한 여러 사실로부터 자연적 행운이나 불행에 의해서 발생하는 자의적인 영향을 완화해 줄 원칙을 채택하는 방향으로 나아가야 한다.

자연적 귀족주의는 형식적 기회균등에 만족하며, 그 이상을 넘어서까지 어떤 사회적 우연성을 규제하려는 의지는 없다. 그러나 자연적 귀족주의는 가난한 사회 계급에 속하는 사람의 선을 증진해 줄 수 있는 경우에 한해서만 천부적 재능을 지닌 사람의 이익을 용인한다. 이러한 귀족주의적 이념은 개방된 체계에도 적용될 수 있다. 그래서 사회의 상층 계급이 받게 될 이득이 많거나 적을 경우 사회의 하층 계급이 얻게 될 이득 역시 많거나 적어야만 사회적으로 유리한 계급에 있는 사람의 더 좋은 여건이 정의로운 것으로 여겨진다. 이로부터 자연적 귀족주의는 귀족에게는 '고귀

한 신분에 따르는 도의상의 의무noblesse oblige'가 있다는 관념을 형성한다.

그런데 자유주의적 평등 체계가 사회적 우연성을 감소시키는 대신 천부적 재능과도 같은 자연적 운수를 분배의 기준으로 선호하고, 반면에 자연적 귀족주의가 자연적 운수를 감소시키는 대신 신분 제도와도 같은 사회적 우연성을 분배의 기준으로 선호하는 한 자유주의적 입장이나 자연적 귀족주의는 모두 자의적인 기준을 분배의 기준으로 삼고 있을 뿐이다. 여기서 한 가지 간과해서 안 될 점은 한 사회 체계가 사회적 우연성이나 자연적 운수 가운데 어느 한쪽의 영향을 받게 되면 반드시 다른 한쪽 역시 영향력을 행사하게 된다는 점이다. 그러므로 각 사회 체계의 의도와 다르게 자유주의적 평등 체계는 자연적 귀족주의의 부정적 요소(사회적 우연성)를 어느 정도 함축하게 되고, 자연적 귀족주의 역시 자유주의적 평등 체계의 부정적 요소(자연적 운수)를 일정 부분 함의하게 된다. 이로부터 우리는 자유주의적 평등 체계와 자연적 귀족주의가 처음부터 불안정한 체계일 수밖에 없다는 사실을 알 수 있다.

13) 민주주의적 평등과 차등의 원칙

민주주의적 평등 체계는 자유주의적 평등 체계에서 도입한 공정한 기회균등의 원칙에 차등의 원칙을 결합하여 구성한 사회 체계이다. 공정한 기회균등의 원칙과 차등의 원칙은 사회의 기본적 구조에 내재한 사회적·경제적 불평등을 가려낼 수 있는 특정한 입장을 설정하여 효율성의 원칙이 지닌 불명확성을 배제한다. 효율성의 원칙이 지닌 불명확성은 그 원칙만으로는 어디까지가 재화의 효율적인 배분인지 알 수 없다는 점에서 기인한다. 재화의 효율적인 분배를 위해 또 다른 원칙이 필요하다. 이 때문에 효율성의 원칙만으로는 분배의 원칙이 될 수 없다.

자유주의적 평등 체계에서 좋은 처지에 있는 사람이 가진 기대치가 정당하려면 그 사람의 기대치가 최소 수혜자의 기대치를 향상해주어야 한다. 그래서 혜택을 많이 받는 사람에게 허용된 매력적인 전망이 혜택을 많이 받지 못하는 사람의 이익 증진에 아무런 도움이 되지 않는다면 그 전망은 폐기되어야 한다. 최대 수혜자의 기대치가 증대한 만큼 최소 수혜자의 기대치도 그만큼 증대되어야 한다. 바로 이것이 자유주의적 평등 체계에 차등의 원칙이 부가되어 도출된 민주주의적 평등 체계의 모습이다.

차등의 원칙은 소득 분배에 따라 발생한 사회 계층 사이의 차이를 정당화하는 방식을 통해 설명된다. 예컨대 기업가 계층으로 출발하는 사람과 미숙련 노동자 계층으로 출발하는 사람을 비교해 볼 경우 전자가 후자보다 훨씬 높은 삶의 전망을 갖게 된다. 차등의 원칙에 따르면 계층 사이에 발생하는 기대치의 차등은 미숙련 노동자 계층의 대표인과 같은, 더욱 불리한 처지의 대표인에게 이익이 될 경우에만 정당화된다. 이것이 차등의 원칙이 최초의 불평등을 정당화하는 방식이다. 그래서 계층 사이에 발생한 기대치의 불평등이 감소할 때 그에 따라 노동자 계층의 처지가 더욱 나빠지게 된다면 그 불평등은 허용된다.

한 사회 체제의 정의 여부를 판별하는 기준 가운데 하나는 그 사회의 각 계층이 달성하고자 하는 기대치의 정도이다. 각 계층의 기대치 가운데 하나 이상이 과도하게 설정되어 있을 때 그 체제는 정의롭지 못한 것으로 여겨진다. 상위의 과도한 기대치가 감소하면 최소 수혜자의 처지는 향상된다. 과도한 기대치의 충족에 따른 계층 사이의 커다란 격차는 민주주의적 평등과 상호 이익의 원칙을 파괴한다.

차등의 원칙에 관한 이상의 언급을 통해서 볼 때 그것은 모든 사람에게 이익이 되는 원칙이다. 그런데 차등의 원칙은 이러한 의미를 넘어서는 그 이상의 의미를 함축한다. 하나는 '기대치 사이의 불평등이 갖는 연쇄 관계'라는 관점에서 확보되는 의미이다. 즉 어떤 사회의 보다 상위 계층에서 발생한 이득이 그 사회의 최하위 계층의 기대치를 증진해줄 경우 그 이득은 보다 상위 계층과 최하위 계층 사이에 있는 모든 계층의 기대치도 증가하게 해준다는 의미를 지닌다. 다른 하나는 '기대치 사이의 긴밀한 관련성'이라는 관점에서 찾을 수 있는 의미이다. 즉 어떤 계층을 대표하는 사람의 기대치가 증대하거나 감소하면 그에 따라 반드시 다른 계층을 대표하는 사람의 기대치, 특히 최소 수혜자 계층을 대표하는 사람의 기대치도 증대하거나 감소하게 된다는 의미이다.

차등의 원칙이 지닌 의미는 결국 이득이 광범위하게 분산되어야 하며 그것만이 바람직하다고 적시한다. 그래서

54

정의의 제2원칙은 다음과 같이 정리된다.[4]

사회적·경제적 불평등은 (a) 최소 수혜자에게 최대의 이득이 될 것이라고 기대할 수 있도록, 그리고 (b) 공정한 기회균등의 조건 아래 모두에게 개방된 직책과 직위에 귀속될 수 있도록 배정되어야 한다.

차등의 원칙에 관하여 마지막으로 덧붙이자면 그것이 최소 극대화 기준maximin criterion이 아니라 사회의 기본적 구조를 규제하는 정의의 원칙이라는 점이다. 최소 극대화 기준은 매우 불확실한 상황에서 이용되는 선택의 규칙일 뿐이다.

14) 공정한 기회균등과 순수 절차적 정의

개방된 직위의 원칙은 어떤 직위가 되었든 그것이 공정하게 모든 사람에게 개방될 것을 요구한다. 그렇지 않을 경

---

4 같은 책, 72쪽.

우 거기에서 배제된 사람은 어떤 직위를 차지하게 된 사람의 큰 노력으로 많은 이익을 보게 될지라도 자신이 부당한 대우를 받고 있다고 느낀다. 그 사람의 불평은 두 가지 이유에서 정당하다. 하나는 어떤 직책이 줄 수 있는 외적 보상에서 그 사람이 제외되었다는 점이다. 다른 하나는 사회적 의무를 유능하게, 그리고 헌신적으로 수행할 경우 결과할 수 있는 인간적 가치 가운데 하나인 그 사람의 자아실현 경험이 원천적으로 봉쇄되었다는 점이다.

모든 직위가 개방될 것을 요구하는 공정한 기회균등의 원칙은 순수 절차적 정의라는 관념과 긴밀한 관계를 맺고 있다. 절차적 정의에는 순수 절차적 정의를 포함하여 완전한 절차적 정의, 불완전한 절차적 정의 등 세 가지가 있다. 이들 셋 중 사회의 기본적 구조 속에서 각자에게 돌아갈 몫의 문제를 공정하게 다룰 수 있으며, 실행이 가능한 절차적 정의는 순수 절차적 정의뿐이다.

완전한 절차적 정의는 동등하게 분할하는 것을 공정하게 분할하는 기준으로 삼으며, 나눈 사람이 제일 나중에 가져가는 것을 그 절차로 한다. 예컨대 몇 사람이 케이크를 나누어 먹고자 할 때 절차적으로 어떤 한 사람이 먼저 케이크를 분할하고, 나머지 다른 사람이 그보다 먼저 케이크 조각을 가져가게 한 후 그가 가장 마지막으로 남은 조각을 갖게 한다. 이런 경우에 케이크를 분할하는 사람은 케이크를 같은 크기로 나눈다. 그래야만 그에게도 다른 사람과 동등한 최대의 몫이 돌아가기 때문이다. 이로부터 완전한 절차적 정의의 두 가지 특징이 드러난다. 하나는 공정한 분할의 기준이 절차에 우선하여 정해진다는 특징이다. 다른 하나는 바람직한 결과를 가져오는 절차가 고안된다는 특징이다. 요컨대 완전한 절차적 정의에는 어떤 결과가 공정한지를 결정해주는 독립적인 기준(동등하게 나눈다)과 공정한 결과를 보장해주는 절차(나눈 사람이 제일 나중에 가져간다)가 있다. 그러나 완전한 절차적 정의가 실제로 적용되기는 어렵다.

불완전한 절차적 정의는 '죄를 지었으면 법에 의한 벌을 받는다'와 같은 기준을 공정하게 결정하기 위한 기준으로 삼는다. 예컨대 형사 재판에서 바람직한 결과는 죄를 지은 사람은 벌을 받고 죄 없는 사람은 풀려나는 것이다. 그런데 사려 깊고 신중하게 법을 따르고, 그것의 절차적 공정성을 보장한다고 해도 그 결과는 잘못될 수도 있다. 오히려 죄지은 자가 풀려나고 죄를 짓지 않은 사람이 유죄를 선고받을 수도 있다. 이것은 명백한 오심誤審이다. 그런데 이러한 부정의를 인간의 잘못으로 보기는 어렵다. 그것은 법규범이 지닌 의도를 그르치게 하는 어떤 우연적인 여건과 결합하여 초래되는 사태이기 때문이다. 이로부터 불완전한 절차적 정의의 특징이 드러난다. 불완전한 절차적 정의는 어떤 결과가 공정한지를 결정해주는 독립적인 기준(죄를 지었으면 법에 의한 벌을 받는다)은 있으나 공정한 결과를 보장해주는 절차가 없다.

순수 절차적 정의는 비유적으로 도박 등의 게임에서 행해지는 것과도 같은 의미의 절차를 사용한다. 예컨대 몇 사람이 공정한 내기로 간주할 수 있는 도박을 했다면 그 판이 끝난 뒤에 현금이 분배된 여러 형태는 도박이 진행되어온 내용과는 무관하게 공정하다고 말할 수 있다. 여기서 말하는 공정한 내기는 영zero의 기대치를 갖는 내기, 자발적인 내기, 그리고 속임수를 쓰지 않는 내기 등을 말한다. 이와같은 공정한 내기의 절차에 따라 이루어진 모든 특정한 분배는 공정한 분배이다. 이로부터 순수 절차적 정의의 특징이 드러난다. 순수 절차적 정의는 어떤 결과가 공정한지를 결정해주는 독립적인 기준이 없으나, 대신에 공정한 결과를 보장해주는 공정한 절차(공정한 내기의 절차에 따라 도박을 한다)가 있다.

이상에서 논의된 순수 절차적 정의가 공정한 분배의 몫을 규정하는 데 실제로 적용될 수 있으려면 우선 정의로운 제도의 체계가 확립되고 아울러 공평하게 운영되어야 한다. 그럴 경우 공정한 기회균등의 원칙에 의해 지지받는 사회 협동 체계는 명실상부한 순수 절차적 정의의 체계가 된다.

15) 기대치의 근거로서의 사회적인 기본적 가치

무엇이 기대치이고, 그 기대치를 어떻게 평가할 것인가 등의 문제가 함축하고 있는 의의는 공리주의와 비교해 볼 경우 선명하게 드러난다.

기본적 구조에 효용의 원칙이 적용된다고 할 경우 그 원칙은 모든 적합한 지위를 망라한 기대치의 총합이 산술적으로 극대화되기를 요구한다. 그래서 고전적 효용의 원칙은 기대치를 계산할 때 그 지위에 있는 사람의 수만큼 곱해주며, 평균 효용의 원칙은 그 기대치를 사람의 수만큼 나누어 계산한다. 기대치의 산술적 총합을 극대화하는 데 두 가지 방법이 필요하다. 하나는 각각의 지위를 대표하는 개인을 기수적cardinal으로 측정하는 방법이고, 다른 하나는 누가 이익을 보고 손실을 보았는가를 잴 수 있는 척도가 사람마다 다를 수 있으므로 이러한 척도를 상호 비교하는 방법이다.

효용의 원칙과 달리 차등의 원칙은 여러 대표적 개인을 비교하는 데 필요한 객관적 근거를 두 가지 방식으로 제시한다. 첫째, 최소 수혜자 계층의 대표인이 확정되면 행복의 비교는 이득의 총합을 계산하는 등의 기수적 측정이 아닌 서수적ordinal 판단[5]으로 이루어진다. 사람과 사람을 질적으

---

5 기수적 측정은 수량적으로 측정한다는 의미이고, 서수적 판단은 크기를 비교하여 질적으로 판단한다는 뜻이다. 예컨대 가난한 자와 부자를 나누는 기준선을 정할 때 정확히 숫자로 규정하여 양적으로 측정하면 기수적 측정이 된다. 그리고 부자와 가난한 사람 사이의 준별점을 정할 때 재산이 더 큰 재산이라거나 더 적은 재산이라는 식으로 비교하는 방법을 사용하여 질적인 크기나 차이를 들어낼 뿐 수량적으로 표시하지 않을 경우 서수적 판단이 된다.

로 비교하는 이유는 그들의 최초의 지위가 무엇인가를 알기 위해서다. 그 밖의 비교는 대표적 개인에 대한 서수적 판단만으로도 충분하다. 둘째, 개인 사이에 이루어지는 비교의 근거를 단순화한다. 이러한 비교는 그들이 가진 사회적인 기본적 가치에 대한 기대치를 비교하기 위함이다. 이 기대치는 각 계층의 대표적 개인이 기대할 수 있는 각각의 가치를 지수로 정한 것이다. A라는 사람의 기대치가 B라는 사람의 기대치보다 크다고 말하는 것은 A와 같은 지위에 있는 계층의 어떤 사람의 지수가 B와 같은 지위에 있는 계층의 다른 어떤 사람보다 크다는 것을 말한다.

사회적인 기본적 가치를 많이 가지고 있을수록 우리가 의도하거나 목적으로 삼고 있는 일을 달성하기 쉬우며, 그 일의 내용이 무엇이든 우리에게 커다란 성공을 가져다줄 확률이 높다. 그러나 사회적인 기본적 가치에 대한 논의에는 두 가지 문제점이 뒤따른다. 하나는 사회적인 기본적 가치의 지수를 구성하는 일과 관련된 문제점이다. 사회적인 기본적 가치 중에서 자유는 누구에게나 동등하게 분배되는 것이므로 지수를 구성하는 데 아무런 문제가 되지 않는다.

그러나 권리·권력·소득·부 등의 사회적인 기본적 가치는 서로 다른 분배가 가능하므로 지수의 구성에 어려움이 따르게 된다. 이러한 난점을 해결하려면 먼저 누가 최소 수혜자인가를 확인하고, 그들이 지닌 기본적 가치의 지수를 측정해야 한다. 다른 하나는 기대치가 기본적 가치의 지수가 아닌 계획의 실행에 따라 기대되는 만족도로서 규정되어야 한다는 반론과 관련된 문제점이다. 이 반론에 따르면 인간의 행복은 계획의 실현 여부에 따라 얻어지는 것이므로 기대치는 기본적 가치의 지수와 같은 이용 가능한 수단에 근거하여 측정되어서는 안 된다고 주장한다. 반면에 공정으로서의 정의의 입장은 이와는 판이하다. 사람이 그의 권리와 기회를 어디에, 어떻게 사용하는지를 묻지 않을 뿐만 아니라 사람의 가치관이 정의의 원칙과 양립하는 한 가치관 사이의 우열을 비교하거나 상대적인 장점을 평가하지도 않는다. 그리고 기본적 가치는 덜 가진 계층에 있는 사람의 처지를 향상할 수만 있다면 어떤 사람이든 더 많이 가져갈 수 있다는 차등의 원칙에 따라 분배된다. 그러므로 정의의 두 원칙에 입각한 사회 체제에서는 만족도나 완전성의 총량으로 기대치를 측정하는 일이 없게 된다.

16) 적합한 사회적 지위

정의의 두 원칙이 기본적 구조에 적용되려면 적어도 다음 두 가지 물음을 충족시켜야 한다. 첫째, 여러 사회적 지위 가운데 어떤 사회적 지위가 가장 기본적인 사회적 지위인가? 둘째, 사회 체계를 판단할 때 어떤 사회적 지위가 가장 적합한 관점을 제공하는가?

모든 사람은 대체로 평등한 시민의 지위, 소득과 부의 분배에 따라 규정된 지위 등 두 가지 적합한 사회적 지위를 가진다. 평등한 시민의 지위는 평등한 자유의 원칙과 공정한 기회균등의 원칙이 만족될 경우 모든 사람이 지니게 되는 지위이다. 이런 의미에서 평등한 시민의 지위는 사회 체계를 판단하기 위한 관점을 제공한다. 그러므로 사회의 기본적 구조, 나아가서 사회 정책의 문제는 평등한 시민의 지위에서 판단되어야 한다. 이러한 경우 '공동 이익'의 원칙이 적용되기도 한다. 예컨대 공공질서와 안녕의 유지를 위한 합당한 규제, 공중위생과 사회적 안전에 도움이 되는 효율적인 방책, 그리고 정의로운 전쟁에서 국가를 방위하려는 집단적인 노력 등은 공동의 이익을 증진해 준다.

그러나 평등한 시민의 지위에 관한 논의만으로는 사회·경제적 불평등을 판단하는 데 기준이 되는 지위에 대한 정의義를 충족하여 줄 수는 없다. 이런 경우 세 가지 종류의 우연성에 근거하여 선별된 가장 불우한 사람을 최소 수혜자로 간주하면 된다. 즉 최소 수혜자는 가족적·계급적 기원이 다른 사람보다 불리한 사람이며, 그의 타고난 재능이 실현된다 해도 형편이 나아질 수 없는 사람이고, 어쩌다가 그에게 좋은 운수나 행운이 생겼다고 해도 결국은 보잘것없는 운수나 행운이었음이 드러난 사람을 말한다. 그런데 우연성에 따라 최소 수혜자를 선별하는 방법은 최소 수혜자와 평균적 시민 사이의 사회적 간격을 명료하게 보여주지 못한다. 이런 단점을 극복하려면 소득과 부의 정도를 척도로 최소 수혜자 집단을 확인할 수 있는 기준이 있어야 한다. 그러한 기준에는 두 가지가 있다. 첫째, 특정한 사회적 지위(예컨대 미숙련 노동자 계층)를 선택하여 그 지위에 속한 사람이 지니고 있는 대략적인 소득과 부를 파악하고, 그만큼 소유하거나 그 이하로 소유한 사람을 최소 수혜자로 간주한다. 둘째, 사회적 지위와 관계없이 소득과 부의 중앙값 절반 이하를 소유하고 있는 사람을 최소 수혜자 계층으로 간주한다.

공정으로서의 정의는 가능한 한 평등한 시민의 입장과 여러 수준별로 분포해 있는 소득과 부를 척도로 사회 체계를 평가한다. 하지만 때에 따라 다른 지위도 고려한다. 예컨대 성별·인종·문화 등의 구별에서 오는 지위가 그것이다. 그래서 기본권이 남자에게 유리하게 할당될 경우 그것이 여자에게도 유리할 뿐만 아니라 여자의 관점에서도 받아들일 수 있어야 한다. 그래야만 이러한 불평등은 차등의 원칙에 의해서 정당화될 수 있다. 계급·인종·종족 등의 구별에서 오는 불평등을 정당화하는 데에도 상황은 마찬가지다.

17) 평등으로의 성향

차등의 원칙은 보상의 원칙, 호혜성의 입장, 박애의 원칙 등 세 가지 의미를 지니고 있으며, 정의의 두 원칙은 이러한 의미 등을 통해 평등주의적 정의관을 표현한다.

보상redress의 원칙은 정의롭지 못한 불평등에는 보상이 뒤따라야 한다는 원칙이다. 이 원칙에 따르면 출생과 타고난 재능의 불평등은 부당하며, 이러한 불평등이 보상의 대상이 된다. 그래서 보상의 원칙이 진정한 의미의 기회균등을 제공하려면 사회는 남보다 천부적 자산이 적은 사람과 애초부터 불리한 환경에서 태어난 사람에게 더욱더 많은 관심을 가져야만 한다. 보상의 원칙의 이상은 평등의 방향으로 나아가는 데 방해가 되는 우연성으로부터 야기되는 편향된 진로를 바로잡는 데 있다. 그러나 보상의 원칙은 분명 정의의 유일한 기준도 아니며 사회 질서의 유일한 목표도 아니다. 그렇지만 보상의 원칙이 차등의 원칙과 똑같지는 않다고 해도 차등의 원칙의 취지를 어느 정도는 실현하고 있다. 차등의 원칙은 천부적 재능의 분배를 공유 자산으로 생각하기 때문에 그 결과에 상관없이 재능의 분배가 주는 이익을 함께 나누어 갖고자 한다. 태어날 때부터 유리했던 사람이 그의 행운에 따른 이득을 보려면 실패한 사람의 처지를 향상해주어야 한다. 아무도 천부적 능력이나 장점을 더 유리한 출발점으로 이용할 수는 없다. 그러므로 공동의 이익을 가져올 경우에만 자연적·사회적 여건의 우연성은 허용된다.

호혜성reciprocity은 상호 이익의 원칙을 말한다. 사회는 시작부터 유리한 사람을 더 유리하게 만들려고 최선을 다하는 체제여서는 안 된다. 우리는 유리한 사람이나 불리한 사람의 복지가 협력 체제로서의 사회에 의존하고 있다는 사실을 인정해야 한다. 만일 이런 협력 체계가 없다면 아무도 만족스러운 삶을 영위할 수 없게 된다. 유리한 위치에 있는 사람이 모든 이의 자발적인 협력을 기대하려면 그 체제의 협력 조건이 합당해야 한다. 그러므로 유리한 위치에 있는 사람은 마땅히 차등의 원칙을 합당한 협력의 조건을 구성하는 데 필요한 공정한 기초로서 받아들여야 한다. 다른 사람의 이익에 기여하지 않는 한 유리한 처지에 있는 사람은 그가 더 많은 이익을 낼 수 있는 협동 체제에 대해 아무런 권리도 갖지 못한다. 아무도 자신의 최초의 출발점에 대해 응분의 자격을 갖지 못한다. 마찬가지로 아무도 타고난 자질의 배분으로 정해진 자신의 위치에 대해 응분의 자격을 갖지 못한다. 권리로서 응분의 몫이란 처음부터 성립할 수 없는 개념이다.

박애fraternity의 원칙은 처지가 불우한 사람에게 이익이 돌아가지 않는 한 아무리 더 큰 이익이 올지라도 그것을 갖고 싶어 하지 않는다는 관념을 말한다. 이러한 관념은 차등의 원칙에 따라 행동할 경우에 성취된다. 즉 더 불운한 사람보다 처지가 낫다고 생각하는 사람은 더 불운한 사람에게 이익이 돌아가는 체제 아래에서만 더 큰 이익을 취하고자 하는 성향이 있기 때문이다. 그래서 정의로운 제도와 정책이 허용하는 불평등이 더 불리한 처지에 있는 사람의 복지에 이바지할 때 박애의 요구는 충족된다. 이런 점에서 볼 때 자유 · 평등 · 박애 등의 이념은 정의의 두 원칙에 대한 민주주의적 해석과 자연스럽게 연결된다. 자유는 제1원칙에, 평등은 제1원칙과 공정한 기회균등의 원칙에, 그리고 박애는 차등의 원칙에 상응한다.

18) 개인에 관한 원칙 : 공정성의 원칙

사람에게 부과되는 책무와 자연적 의무는 그것들에 선

행하고 있는 제도에 대한 원칙과 공정성·충실성·상호 존중·선행 등의 원칙을 전제로 한다. 이 가운데 공정성에 관한 원칙은 개인에 대해 적용되는 원칙이면서도 자연적 의무와는 구별되는 책무에 해당한다.

공정성의 원칙은 '제도는 성의롭거나 혹은 공정하며, 다시 말해서 제도는 정의의 두 원칙을 만족시킨다'는 조건과 '사람은 제도가 주는 이익을 자발적으로 받아들이며, 자신의 이익을 증진하기 위해 그 제도가 주는 기회를 이용한다'는 조건이 만족될 경우 모든 사람이 제도의 규칙이 정하는 바에 따라 각자의 본분을 다할 것을 요구하는 원칙이다. 이로부터 공정성의 원칙이 표명하고자 하는 주요 내용을 다음과 같이 말해 볼 수 있다. 즉 누구든 자신의 정당한 본분을 다하지 않은 사람은 다른 사람과의 협력으로부터 발생한 이익을 취할 수 없다. 우리의 정당한 본분이 무엇인가는 정의의 두 원칙에 의해 규정된다.

또한 공정성의 원칙은 어떤 제도가 우리에게 구속력을 발휘할 수 있는지 가려줄 기준이 된다. 이로부터 부정의한 제도와 더 이상 참아 내기 힘든 제도, 특히 독재 정부와 전제 정부에 대해 우리는 아무런 책무 관계도 갖지 않게 된다. 책무 관계는 어느 정도 정의로운 제도를 전제해야만 발생한다. 책무는 다른 도덕적인 요구 사항과 구별되는 세 가지 특징적인 측면이 있다. 첫째, 책무는 우리의 자발적 행위의 결과로부터 발생한다. 둘째, 책무의 내용은 제도나 관행에 의해서 규정되며, 제도가 지닌 규칙은 사람이 해야만 하는 바를 명시한다. 셋째, 책무는 보통 일정한 개인, 즉 당해의 체제를 협동적으로 유지하려는 사람이 책무를 진다.

이상에서 언급한 책무의 특징은 공직에 출마해 어떤 직책을 맡게 되는 정치적 행위를 예로 설명해 볼 수 있다. 이 정치적 행위는 당선자가 맡게 된 직책이 요구하는 의무를 수행할 책무를 부과하며, 책무의 내용은 그 의무에 의해 정해진다. 이때의 의무란 도덕과 무관한 의무로 어떤 제도적 지위에 따라 할당된 업무와 그에 따른 책임을 말한다. 그렇다고 해서 직책에 따른 의무를 수행하기 위해 도덕적인 이유마저 배제할 필요는 없다. 또한 공직을 맡게 된 사람은 동료 시민에 대해서도 책무를 갖게 된다. 그는 동료 시민의 신뢰와 신용을 얻어내야 하며, 그들과 함께 민주 사회를 운영해나가야 한다. 그 외에도 우리는 정부 여러 부서의 지위를 받아들이는 일, 결혼, 약속, 다른 암묵적인 이해, 경기에 참여할 때에도 책무를 갖게 된다. 공정성의 원칙은 모든 책무에 관해 설명할 수 있다.

19) 개인에 관한 원칙 : 자연적 의무

기본적인 자연적 의무의 예로는 세 가지를 들 수 있다. 자신에게 지나칠 정도의 손실만 없다면 궁핍하거나 위기에 내몰린 사람을 도와야 하는 의무, 남을 해치거나 상해해서는 안 되는 의무, 그리고 불필요한 고통을 야기하면 안 되는 의무 등이다. 첫 번째 의무는 상호 협조의 의무이자, 다른 사람을 위해 선을 요구한다는 점에서 적극적인 의무이다. 두 번째와 세 번째 의무는 나쁜 일을 해서는 안 된다는 요구를 한다는 의미에서 소극적인 의무이다.

자연적 의무에는 두 가지 특징이 있다. 하나는 책무와 대조해 볼 때 자연적 의무가 우리의 행위의 자발성 여부와는 아무런 관계없이 우리에게 적용된다는 점이다. 더욱이 자연적 의무는 제도나 관행과 필수적인 관계가 없는 것이므로 제도적 규칙이 자연적 의무의 내용을 규정하지는 않는다. 따라서 우리가 공표했건 하지 않았건 인간은 잔인해서는 안 되는 자연적 의무와 다른 사람에게 도움을 줄 자연적 의무를 갖게 된다. 다른 하나는 자연적 의무가 제도적 관계에 상관없이 동등한 도덕적 인격체로서 모든 사람 사이에 성립하고 적용된다는 점이다. 이런 의미에서 자연적 의무는 개인 그리고 인간 일반에 부과되는 의무이다.

  공정으로서의 정의라는 관점에서 볼 때 기본적인 자연적 의무는 정의의 의무이기도 하다. 정의의 의무로서 자연적 의무는 우리의 삶에 적용된 현행 제도가 정의로울 경우 우리가 그 제도를 지지하고 따르도록 한다. 나아가서 이 자연적 의무는 아직 어떤 체제가 정의로운 체제로 확립되지 못한 상태에 있다면 그 체제가 정의로운 체제가 될 수 있도록 우리의 모든 노력을 다해 줄 것을 요청한다. 대체로 정의에 대한 자연적 의무는 시민 일반을 구속할 뿐만 아니라 그것의 적용을 위해 어떠한 자발적 행위도 필요 없다는 점에서 가장 기본적인 의무이다. 반면에 공정성의 원칙은 공직자를 포함하여 그 체계 안에서 자신의 목표를 설정하고 증진한 결과, 더 나은 처지에 이르게 된 사람에게 구속력을 가진다.

선행·자비·영웅심·희생 등과 같은 행위는 의무 이상의 행위이긴 하나 그것들을 실행하는 것은 좋은 일이다. 그렇지만 그런 행위는 의무도 아니고 책무도 아니다. 공정으로서의 정의라는 관점에서 말하자면 이것들은 허용 사항이거나 권장 사항에 해당하지 결코 요구 사항은 아니다. 그럼에도 불구하고 효용의 원칙은 이것들을 요구 사항으로 취급한다. 공리주의는 어떤 행위의 결과가 다른 행위의 결과를 훨씬 능가하여 이득의 총량에서 압도적인 결과를 가져올 수만 있다면 어떤 희생을 무릅쓰고서라도 더 큰 선을 산출하려고 하는 행위를 의무로서 수행해야 한다고 주장하고 있기 때문이다.

제3장 원초적 입장

3장에서는 정의관을 위한 논의의 성격을 시작으로 하나의 정의관을 선택할 때 고려해야 할 대안이 되는 여러 가지 전통적인 정의관의 목록이 제시된다. 다음에는 최초의 상황을 특징짓는 조건인 정의의 여건, 옳음 개념의 형식적 제한 조건, 무지의 베일, 그리고 계약 당사자의 합리성 등의 개념에 대한 기술을 제공한다. 이어서 정의의 두 원칙에 도달하는 추론 과정과 평균 효용의 원칙에 이르는 추론 과정을 검토한다. 그리고 정의의 두 원칙에 관한 몇 가지 논증적 근거를 다룬다. 마지막으로 다시 한 번 고전적 효용의 원칙이 고찰되어 다른 정의관과의 차이점을 해명한다.

20) 정의관을 위한 논의의 성격

최초의 상황initial situation을 철학적으로 유력하게 해석해낸 원초적 입장은 우리가 정의의 원칙을 잘 선택할 수 있도록 합당한 조건을 가장 잘 표현해주어야 하며, 동시에 반성적 평형상태에서 우리의 숙고된 판단의 특징을 보여 줄 수 있는 관점에 도달할 수 있도록 해주어야 한다.

공정으로서의 정의에 도입되는 원초적 입장은 순전히 가상적인 상황에 해당한다. 원초적 입장이 도입되는 이유로 두 가지를 들 수 있다. 첫째, 원초적 입장에서 선택될 원칙이 도덕적 관점에서도 허용될 수 있는 상황을 만들어 주려는 데 있다. 그런 상황에 있는 여러 당사자는 평등한 도덕적 인격으로 여겨지며, 그들이 선택한 결과는 임의로 발생한 우연한 일이나 모든 사회적 세력 간의 상대적 균형에 영향을 받지 않는다. 둘째, 원초적 입장만이 우리가 내리는 도덕적 판단에 관해, 그리고 우리가 정의감을 갖고 있다는 사실에 관해 설명해 줄 수 있기 때문이다.

이상으로부터 원초적 입장에서 선택하는 정의의 두 원칙은 우리와 유사하게 다른 사람이 제기한 요구에 대해 모든 사람이 보여주는 최선의 응답이며, 증명될 수 있는 합리적 제안으로 여겨진다.

21) 대안의 제시

여러 당사자에게 정의관의 목록이 주어졌고, 이 중 가장 최선으로 여겨지는 하나의 입장을 만장일치로 선택해야 하는 상황이 주어졌다고 가정할 경우 롤즈가 제시한 정의관의 목록은 다음과 같다.[6]

---

6 앞의 책, 107쪽.

[정의관의 목록]

A. (순차적으로 된) 정의의 두 원칙

1. 최대로 평등한 자유의 원칙

2. (a) (공정한) 기회균등의 원칙

   (b) 차등의 원칙

B. 혼합된 입장. 위의 A2를 위한 대안

1. 평균 효용(공리)의 원칙, 혹은

2. 어떤 제한 조건 아래에 있는 평균 효용의 원칙은

   (a) 어떤 일정한 사회적 최소치가 유지되거나, 혹은

   (b) 전체적인 분배의 범위가 너무 넓지 않거나, 혹은

3. B2를 공정한 기회균등의 원칙에 더한 어떤 제한 조건 아래에 있는 평균 효용의 원칙

C. 고전적인 목적론적 입장

1. 고전적 효용의 원칙

2. 평균적 효용의 원칙

3. 완전성의 원칙

D. 직관주의적 입장

  1. 평등한 분배의 원칙에 의지하여 전체 효용의 균형을
     잡아주기

  2. 보상의 원칙에 의지하여 평균 효용의 균형을 잡아주기

  3. 목록상에 있는 조건부 원칙 간에 (적절한) 균형을 잡
     아주기

E. 이기주의적 입장

  1. 일인칭 독재 : 모든 사람은 나의 이익을 위해 봉사해
     야 한다.

  2. 무임승차자 : 비록 내가 선택하지 않았을지라도 나를
     제외한 모든 사람은 정당하게 행위하여야 한다.

  3. 일반적인 이기주의적 입장 : 모든 사람은 자신을 만
     족시키는 만큼 자신의 이익을 증진할 수 있도록 허용
     된다.

22) 정의의 여건

인간의 협동체를 가능하게 하는 데 필요한 정상적인 조

건을 정의의 여건이라고 한다. 이러한 여건 아래에서 사회는 상호 이익을 위한 협동을 통해 이해관계의 일치뿐만 아니라 이해관계의 상충이라는 특성을 가진다. 이 중 이해관계의 상충은 이익을 분배하는 방식에서 발생하므로 이익의 적절한 분배를 위해 분배의 원칙이 요구된다. 이러한 요구가 정의의 역할을 규정하며 정의의 여건은 이러한 요구가 일어나게 하는 배경적 조건이 된다.

정의의 여건으로는 객관적 여건과 주관적 여건이 있다. 객관적 여건은 인간의 협동 체제가 가능하도록 하는 데 필요한 여건을 말한다. 객관적 여건으로는 다음 네 가지를 열거해 볼 수 있다. 많은 개인이 시간상으로는 동시에, 그리고 공간상으로는 일정한 지리적 영역 내에 거주한다. 각 개인의 능력은 대체로 유사하다. 그들은 다른 사람으로부터 공격받기 쉬운 상태에 있으며, 다른 사람끼리 단합하여 그들에게 힘을 발휘할 경우 각 개인의 계획은 좌절될 수도 있다. 천연자원과 기타의 자원이 적당하게 부족한 상태에 있다. 주관적 여건은 협동의 주체로 여겨지는 협동의 당사자와 관련된다. 주관적 여건으로는 다음 여섯 가지를 열거해 볼 수 있다. 협동의 당사자는 대체로 유사한 욕구와 관심을 갖는다. 그러한 욕구는 여러 면에서 상호 보완적이다. 유익한 협동이 가능하도록 서로 노력한다. 개인 자신만의 인생 계획을 세워야 한다. 각 개인이 인생 계획을 실행하는 데 필요한 천연자원과 사회적 자원을 이용하는 과정에서 서로 갈등을 빚게 된다. 모든 사람은 자신이 지니고 있는 지식이나 사고, 판단 등으로부터 스스로 부족함을 느끼고 있다.

요컨대 정의의 여건은 자원이 적당하게 부족한 상태에서 자신의 이해관계를 따질 뿐 남의 이해관계에는 관심이 없으며, 남의 이익을 위해 자신의 이익을 포기하지 않는 상호 무관심한 합리성을 지닌 수많은 상호 무관심한 사람이 사회적 이익을 놓고 서로 상충하는 요구를 할 때 성립한다.

23) 옳음의 개념의 형식적 제한 조건

원초적 입장에 있는 당사자의 상황은 몇 가지 형식적 제한 조건으로 구성된다. 이 조건의 적합성 여부는 옳음의 원칙이 갖는 임무, 즉 사람이나 제도에 관련하여 발생한 요구를 조정하는 임무에서 도출된다. 이러한 형식적 제한 조건에는 일반성, 보편성, 공지성, 정당성, 최종성 등이 있다.

　일반성의 조건은 모든 원칙이 일반적이어야 한다는 조건을 말한다. 그러므로 고유 명사나 특정한 설명이 있어야 하는 말을 사용하여 정식화해선 안 된다. 보편성의 조건은 원칙이 그 적용상 보편적이어야 한다는 조건을 말한다. 원칙이 보편적으로 적용되는 이유는 모든 사람이 도덕적 존재이기 때문이다. 공지성publicity의 조건은 모든 사람이 합의의 결과로 받아들인 공공적 정의관을 위한 원칙에 대해 그들이 알아야 할 것은 모두 다 알아야 한다는 조건을 말한다. 이 조건의 요점은 합의 당사자가 어떤 정의관을 공공적인 정의관으로 인정하게 하고, 그것이 사회생활의 도덕적 헌장으로서 충분히 유효하다는 평가를 하게 한다는 점이다. 정당성의 조건은 서로 갈등을 일으키는 대립적 요구 사이에 서열을 정하거나 조정을 의미하는 정당성의 개념으로부터 직접 생겨나는 조건을 말한다. 최종성의 조건은 합의 당사자가 선택한 원칙의 체계가 실생활의 판단에서 언제나 최종적 판단으로 평가되어야 한다는 조건을 말한다. 그러므로 우리는 옳음이나 정의의 원칙의 지시에 따라 사회 제도를 편성해야 하며, 무엇이 되었든 이러한 원칙에 따라 나온 결론은 이기적이거나 타산적이지 않게 된다.

이상 옳음에 대한 다섯 가지 조건은 다음과 같이 종합된다. 즉 옳음의 입장은 형식상 일반적이고, 적용상 보편적이며, 상충하는 서로 다른 요구 사이에 시열을 정해주고, 판단상 최종적 심판이라는 점이 공공적으로 인정되는 원칙의 체계를 의미한다.

24) 무지의 베일

우리가 어떻게든 정의로운 원칙을 선택하려면 사람을 반목하게 하거나 사회적·자연적 여건을 자신에게 유리한 쪽으로 만드는 어떤 특수한 우연성의 결과는 무효가 되어야 한다. 그렇게 하려면 원초적 입장의 당사자는 무지의 베일 veil of ignorance 속에 있어야 한다. 원초적 입장의 모든 당사자는 대략 여섯 가지 종류의 특정한 사실에 대해 알지 못하는 것으로 가정된다. 즉 각자는 자기의 사회적 지위나 태어난 계층을 모른다. 자연적 자산이나 천부적 능력, 지능과 체력 등이 어떻게 자기에게 부여되었는지 자신의 운수에 대해 알지 못한다. 아무도 선에 대한 자기의 생각이 무엇인지 모르며, 자신의 합리적 인생 계획에 대해서도 자세히 모른다. 자기가 모험을 싫어하는지, 심리적인 특징이 비관적인지 아니면 낙관적인지조차 모른다. 당사자는 그가 속해 있는 사회의 경제적·정치적 상황을 모르며, 그 사회의 문명과 문화의 수준도 모른다. 그는 자신의 세대가 어떤 세대에 속하는지에 대해 아무런 정보도 없다.

원초적 입장이라는 관념이 철저히 실행되려면 이상과 같이 당사자가 지닌 모든 우연적 지식은 배제되어야 하고, 그 배제의 결과를 온전히 감당할 각오로 정의의 원칙을 선택해야 한다. 그렇다고 해서 모든 지식이 배제되지는 않는다. 그 당사자는 그가 속한 사회의 내막이 어떻든 간에 그 사회의 몇 가지 특수한 사정에 대해 알고 있어야 한다. 예컨대 당사자는 그 사회가 정의의 여건 아래에 있다는 사실을 알고 있다. 당사자는 정치 현상, 경제 이론의 원칙, 사회 조직의 기초, 인간 심리의 법칙 등 인간 사회의 일반적 사실을 이해하거나 알고 있다. 당사자는 그가 정의의 원칙을 선택하는 데 영향을 미치는 모든 일반적 사실에 대해 알고 있다.

무지의 베일에 두 가지 반대 입장이 있다. 첫째, 원초적 입장에서 거의 모든 특수한 지식을 제거해 버린다면 도대체 원초적 입장이 의미하는 것이 무엇인지 알기 어렵게 된다는 입장이 있다. 이 견해에 대해 롤즈는 다음과 같은 식으로 대답한다. 즉 한 사람이나 그 이상의 사람이 어떤 주어진 적합한 제한 조건에 따라 추리해 나가기만 하면 언제라도 원초적 입장을 구성할 수 있으며, 혹은 적어도 이와 같은 가정적 상황에서 행하게 되는 숙고를 모방할 수 있다는 점에서 모든 우연적인 특수한 지식의 제거는 문제가 되지 않는다. 원초적 입장에서 어떤 정의관이 선택되었다는 것은 부여된 조건과 제한을 만족시킨 합리적 숙고가 어떤 결론에 도달했음을 의미한다. 둘째, 원칙을 선택하려면 그 선택을 가능하게 하는 모든 지식을 사용해야 하는데 무지의 베일은 지식에 제한을 가하므로 불합리하다는 입장이 있다. 이 견해에 대해 롤즈는 다음과 같은 식으로 대답한다. 즉 원칙을 선택하는 당사자 사이에도 서로의 차이점을 모르고 있으며, 그들 모두가 합리적 존재이며, 그들의 처지 또한 비슷한 것으로 가정되고 있으므로 그들은 자신들이

행한 논의에 대해 모두가 수긍하게 된다. 그러므로 원초적 입장에서 이루어진 합의는 무작위로 선정된 어느 한 사람의 관점과도 같은 것으로 이해해도 된다. 누구에게든 어느 정도의 숙고 능력이 있어 어떤 특정한 정의관을 선택하게 되면 다른 모든 사람 역시 그러한 정의관을 선택하게 된다. 이것이 이른바 만장일치에 의한 합의이다.

그런데 무지의 베일은 뒤에 올 세대를 위해 앞선 세대가 저축할 의무가 없다는 원칙을 하나의 지식 형태로 받아들일 수도 있다. 무지의 베일은 저축의 의무와 관련해서만은 바람직하지 못한 결과를 불러올 가능성도 있다.

25) 당사자의 합리성

원초적 입장의 당사자는 사회적인 기본적 가치를 가지고 자신이 선(가치)으로 여기고 있는 것을 아주 효과적으로 증진하려 노력한다. 바로 그런 당사자는 성격상 서로 이익을 주거나 손해를 끼치려는 생각이 조금도 없으며, 애정이나 증오 때문에 마음이 흔들리지 않고, 비교 우위를 통해 무엇인가를 더 많이 얻어 내려 하지도 않을 뿐만 아니라 질투나

잘난 체도 하지 않는 사람, 즉 상호 무관심한 합리성을 가진 존재로 가정된다. 상호 무관심한 합리성은 가장 높은 지수의 사회적인 기본적 가치를 보장해줄 수 있는 원칙을 선택하려는 원초적 입장의 당사자에게 부여된 성격적 특성이다. 이 외에도 한 가지 더 추가할 가정은 당사자가 선으로 간주하고 있는 것, 즉 가치관이 무엇인지 정확히 모른다는 가정이다. 이러한 가정은 당사자가 자신의 합리적 인생 계획을 세우고는 있지만, 구체적이고 자세한 내용과 합리적 인생 계획을 통해 증진할 수 있는 특정한 목적이나 이익 등이 무엇인지 모르고 있다는 것을 의미한다.

그리고 원초적 입장에서 선택된 원칙이 철저히 준수되려면 각 당사자의 상호 무관심한 합리성과 더불어 그들이 정의감을 행사할 능력을 지니고 있으며, 그 점이 공공연하게 알려졌다는 가정이 필요하다. 이러한 가정이 필요한 이유는 원초적 입장에서 이루어진 합의의 완전무결함을 보장하려는 데 있으며, 그 가정의 의미는 당사자가 서로 신뢰하고 이해하며, 최종적으로 합의된 원칙에 따라 행동할 수 있다는 점에서 찾을 수 있다.

그런데 흔히 원칙을 선택하는 합의 당사자가 상대방의 이해관계에 대해 어느 정도의 관심이나 자비심benevolence을 가져야 우리가 바라는 원칙이 선택될 수 있다고 생각한다. 그러나 그럴 필요가 없다. 왜냐하면 상호 무관심과 무지의 베일이 결합하면 자비심이 지닌 본래 의도와 똑같은 의도가 자연스럽게 성취될 수 있기 때문이다. 이러한 정의관을 이기주의로 간주하는 태도는 오직 원초적 입장에 있는 당사자의 상호 무관심한 합리성이라는 가정에만 주목하여 발생한 착각에서 기인한다. 합의한 원칙을 지니고 일상생활을 하는 사람이나 질서 정연한 사회의 시민은 원초적 입장의 당사자와는 달리 상호 무관심한 존재가 아니다.

26) 정의의 두 원칙에 이르는 추론

정의의 두 원칙은 대체로 세 가지 전제로부터 추론된다. 그 추론 과정에 도입되는 첫 번째 전제는 정의의 두 원칙이 사회 정의의 문제를 해결해주는 최소 극대화적인 해결책이라는 점이다. 정의의 두 원칙은 불확실한 상태에서 선택해야 할 경우에 사용하는 최소 극대화 규칙maximin rule과 유사한 점이 있다. 최소 극대화 규칙은 어떤 대안으로부터 발생한 최악의 결과(최소)가 여러 다른 대안으로부터 나타난 최악의 결과와 비교하여 최고로 우월할 경우(극대화)에만 그 대안을 택한다는 규칙을 말한다. 그래서 원초적 입장의 모든 당사자는 자신의 출발점인 최초의 사회적 지위를 그들에게 악의를 지닌 적대자가 결정해준다고 가정한다. 최소 극대화 규칙이 원초적 입장에 적용되는 상황에는 세 가지 주요한 특징이 있다. 첫째, 각각의 결정이 가져올 수 있는 금전적 이득에 대한 기대치를 비교해보고 그중에서 가장 전망이 높은 행동 과정을 채택하는 것이 가장 자연스러운 선택 규칙이 되므로 다른 상황이 일어날 가능성을 확률적으로 고려할 필요가 없다는 점이다. 둘째, 정의의 원칙을 선택하는 사람은 최소 극대화 규칙에 따라 확보한 최소한의 생활 수준 이상으로 획득할 수도 있는, 어떤 이득에 별다른 관심을 두고 있지 않은 식의 가치관을 갖고 있다는 점이다. 셋째, 대안에서 제외된 다른 선택 규칙은 받아들이기 아주 어려운 결과가 있다는 점이다.

추론 과정에 도입되는 두 번째 전제는 다음과 같다. 만일 정의의 원칙이 사회 정의를 실현하는 데 사용할만한 이론을 제시하며 효율성의 요구와도 양립할 수 있다면, 그 정의관은 적어도 최소한의 만족은 보장해준다. 그래서 『정의론』 제2부에서 이루어지는 대부분의 논의는 정의의 두 원칙을 사회 정의의 문제에 적용해 그 두 원칙이 만족스러운 입장이라는 것을 증명하는 데 주력한다. 자유의 우선성과 정의의 두 원칙 간의 축차적 서열을 확인해보면 이런 식의 생각이 사실상 결정적으로 유력한 생각이라는 사실을 알게 된다. 왜냐하면 자유의 우선성은 원초적 입장의 당사자가 평등한 자유를 희생하면서까지 더 큰 이득을 얻고자 하는 욕구가 없다는 것을 함축하기 때문이다. 여기에서 축차적 서열로 된 정의의 두 원칙에 의한 최소한의 만족의 보장은 당사자가 더 큰 경제적·사회적 이득을 원하게 되면서 초래케 될 위험을 방지해 준다.

추론 과정에 도입되는 세 번째 전제는 다음과 같다. 정의의 두 원칙이 아닌 다른 정의관이 선택된다면 원초적 입장의 당사자가 견뎌내기 어려운 제도가 만들어질 수도 있다는 점이다. 그럴 경우 원초적 입장에 적용되는 최소 극대화 규칙의 상황적 특징 가운데 '대안에서 제외된 다른 선택 규칙은 받아들이기 매우 어려운 결과가 있다'는 세 번째 특징이 타당하다는 사실이 밝혀진다. 예컨대 효용의 원칙은 더 큰 사회적 이득을 위해서라면 노예제도는 아니더라도 그에 상당하는 정도의 자유를 침해하고서라도 어떻게든 그것을 정당화하려고 한다. 이와는 달리 정의의 두 원칙은 최소한의 만족을 보장해주는 손쉬운 대안이다.

최소 극대화 규칙에 따라 정의의 두 원칙을 선정한다는 사실에 반론이 제기될 수 있다. 그중에서도 차등의 원칙에 제기될 수 있는 반론이 있는데 그 내용은 다음과 같다. 차등의 원칙에 따라서 부나 소득에 대한 최소 수혜자의 기대치가 아주 적게라도 향상된다면 차등의 원칙도 부나 소득에서 엄청난 불균형을 허용하게 된다는 주장이다. 그러면서도 동시에 더 많은 혜택을 받은 사람에게 유리한 방식의 불평등이 최소 수혜자에게 조금만 손해를 끼치는 일이라도 발생하게 되면 그러한 불평등의 허용을 금지하게 되리라는 견해를 피력하기도 한다. 이러한 견해에 대해 롤즈는 다음과 같은 식으로 반문한다. 그렇다면 최소 수혜자의 소득을 1페니 증가시킬 수 있다고 해서 처지가 더 나은 사람의 기대치를 100억 달러로 증가시키는 일을 허용해야 할까? 100억 달러의 정의 여부가 1페니에 달려 있을 수는 없는 일이다. 그래서 롤즈는 이러한 주장을 차등의 원칙과는 전혀 무관한 억지로 간주한다. 이와 같은 이상한 생각을 방지하려면 평등한 자유와 개방된 직위의 원칙은 차등의 원칙과 결합하여 사회의 기본적 구조를 규제하는 하나의 정의관을 구성해야 한다. 더 많은 혜택을 받은 사람의 기대치가 상승하려면 최소 수혜자의 처지도 함께 향상되어야 한다. 더 유리한 처지에 있는 사람의 기대치를 높일 방법 가운데 하나는 최소 수혜자를 위해 숙련 비용을 부담하거나, 혹은 최소 수혜자를 조직화하는 데 힘을 보태주어 전체의 이득을 향상하게 해야 한다. 교육받은 인재의 활용도가 증가하고, 균등한 방향으로 기회가 확대될 경우 사회적 평등은 지속해서 유지된다. 또 한 가지 눈여겨볼 점은 차등의 원칙에는 다른 원칙의 작용, 개방적 계층 체계나 경쟁적 경제 체계 등의 사회 제도론이 이미 전제되어 있다는 점이다.

27) 평균 효용의 원칙에 이르는 추론

사회의 기본적 구조에 적용되는 고전적 효용의 원칙은 관련된 대표인이 희망하는 기대치의 절대 가중 총량the absolute weighted sum을 최대화할 수 있도록 사회 제도가 편성되기를 요구한다. 절대 가중 총량은 각 기대치에 해당하는 사람의 수를 각각 곱하여 그것들을 모두 합산하여 산출한다. 그래서 다른 조건이 같을 경우 사회 구성원의 수가 2배가 되면 효용, 즉 욕구의 만족도 2배가 된다. 공리주의적 입장에서 기대치는 향유할 수 있고, 예견할 수도 있는 만족의 총량을 말한다. 고전적 원칙은 인구 증가에 따라 1인당 평균 효용이 아무리 저하될지라도 인구를 무한히 증가시켜야 한다고 주장한다. 그 이유는 인구의 증가 때문에 늘어난 전체 효용이 1인당 돌아갈 분배량의 감소를 보상할 수 있을 만큼 크다고 생각하기 때문이다. 따라서 고전적 효용의 원칙은 매우 낮은 수준의 복지정책을 펴게 될 수도 있다.

이와는 달리 평균 효용average utility의 원칙은 전체 효용이 아닌 1인당 돌아갈 평균 효용을 극대화하려고 한다. 그래서 사회의 기본적 구조에 적용되는 평균 효용의 원칙은 각 계층의 대표적 개인이 희망하는 기대치의 백분비 가중 총 량the percentage weighted sum을 최대화할 수 있도록 사회 제도 가 설정되기를 요구한다. 백분비 가중 총량은 각 기대치에 해당하는 사람이 사회 전체에서 차지하는 비율을 각각 곱 한 것을 모두 합하여 산출한다. 그래서 여기에서는 고전적 효용의 원칙이 견지하고 있는 주장처럼 한 사회의 인구가 2배로 늘어나게 되면 그 효용도 2배로 높아진다는 생각이 더는 받아들여지지 않는다. 오히려 효용이 높아지려면 전 체 인구에서 각 기대치에 해당하는 사람의 비율이 변해야 만 가능하다. 그런데 원초적 입장의 당사자는 만족의 총량 을 극대화하는 데에는 전혀 관심이 없고, 다만 자신의 이익 을 증진하는 데에만 관심을 두는 존재로 여겨지므로 정의 의 두 원칙에 대한 공리주의적 대안이 구태여 있어야 한다 면 아마도 그것은 고전적 효용의 원칙이 아니라 평균 효용 의 원칙일 것이다.

여기에서 원초적 입장의 당사자가 평균 효용의 원칙에 도달하게 되는 과정을 간략히 살펴볼 필요가 있다. 먼저 합 리적 존재로 여겨지는 한 개인이 여러 가지 가능한 사회 가운데 자신이 속하게 될 사회를 선택할 수 있게 하는 상황이 가정된다. 이러한 가정에 따르면 설사 서로 다른 재능의 차이로 인한 소득의 격차를 인정할지라도 각 사회의 구성원이 선호하는 바는 각각 같으며, 또한 각 사회가 자원과 천부적 재능의 분배를 같게 할 때 각 사회가 어느 한계를 넘어서게 되면 생산적 동기를 약화하는 재분배 정책이 실시된다고 한다. 이런 여러 사회에서 서로 다른 정책이 추구되고 있다면 각 개인은 어느 사회에 가입하고 싶어 할까? 개인은 자신이 가입하고자 하는 어떤 특정한 사회에 대한 전망을 타진할 때 그 사회를 대표하는 구성원이 지닌 효용을 대안적 효용으로 인지하고, 각 지위에 그가 접근할 가능성을 파악하기 위해 자신이 여러 종류의 지위를 갖게 될 가능성을 평가해본다. 이렇게 하여 그는 각 계층의 대표적 개인의 가중된 효용 총량에 근거하여 결정된 기대치 중 그에게 최고의 기대치를 가져다주는 사회를 선택하게 된다.

더 나아가서 몇 가지 변경을 가하기만 하면 원초적 입장에 더 근접한 상황이 설정될 수 있다. 먼저 어떤 가담자가 각 사회에서 갖게 될 자신의 능력과 지위에 대해 전혀 모르고 있으나 그의 선호 체계가 여전히 각 사회의 사람과 같다는 가정에서 출발한다. 그럴 경우 그는 자신이 어떤 선호나 능력 그리고 사회적 지위를 완전히 갖춘 사람으로 나타날 가능성이 다른 모든 사람과 마찬가지로 똑같다면 최대의 평균 효용을 지닌 사회가 자기 자신의 전망을 최고로 높여 주리라는 기대를 하게 된다. 사회 구성원의 수를 n이라고 하고, 복지 수준을 u_1, u_2, $u_3 \cdots$, u_n이라고 하면 전체 효용은 Σu_i가 되고, 평균 효용은 $\Sigma u_i/n$이 된다. 누구든 어떤 사람으로 될 동등한 기회가 주어질 경우에 우리가 희망하는 기대치는 $u_1/n + u_2/n + \cdots + u_n/n$, 즉 $\Sigma u_i/n$이 된다. 그래서 기대치는 평균 효용과 똑같은 것으로 판명된다.

또한 평균 공리주의적 입장은 원초적 입장의 당사자와 마찬가지로 상당히 높은 수준으로 위험을 피하려는 성향이 있다. 이런 점에서 효용은 경제적 행위자가 위험 상황에서 행하는 선택의 방식이지 만족의 척도는 아니다. 그리고 위험을 피하려는 성향이 커질수록 평균 효용의 원칙과 차등의 원칙은 더욱더 비슷해진다. 즉 일반적 관점으로부터 초래될 수 있는 위험과 불확실성 때문에 이 두 입장은 더 운

이 없는 사람의 이익에 훨씬 많은 관심과 비중을 둔다는 점
에서 그렇다.

28) 평균 효용의 원칙의 몇 가지 난점

평균 효용의 원칙이란 어떤 합리적 개인이 최초의 상황
이라는 관점에서 자신의 기대치를 극대화할 기회를 포착하
기 위해 사용하는 규범이다. 그러나 이 평균 효용의 원칙에
는 합리적 개인이 확률을 평가하는 방식에 관련하여 발생
하는 난점이나, 평균 효용의 원칙을 추론하는 마지막 단계
에서 기대치가 지닌 특이성으로부터 발생하는 난점 등이
있다.

합리적 개인이 확률을 평가하는 방식에 관련하여 난점이
발생하는 이유는 우리가 앞으로 어떤 사람이 될 가능성을
똑같이 가졌다고 생각할만한 객관적 근거가 최초의 상황에
는 없기 때문이다. 평균 효용의 원칙에 이르는 논증 과정의
초기 단계에서 참여자가 자신의 능력과 그가 속할 사회의
구조에 대해 어느 정도 지식을 가진 것으로 여겨진다. 그
가 어떤 사람이 될 수 있을지 그 가능성에 대한 평가는 바

로 이러한 지식에 근거를 둔다. 그러나 마지막 단계에서 정의의 여건으로 표명되는 사정 이외의 기타 특수한 사정에 관해서 아무것도 모르게 된다. 이 단계에서 개인의 기대치는 '불충분한 이유의 원칙'에 의존해서 형성된다. 불충분한 이유의 원칙은 사전에 확률적 계산을 해보기 위한 기초로 사용되는 원칙이다. 다시 말해서 이 원칙은 어떤 것에 대한 지식이 없을지라도 결과에 대한 확률을 정하고자 할 때 이용된다. 그래서 근거 자료가 아예 없다면 불충분한 이유의 원칙은 모든 경우를 똑같은 확률을 가지고 있는 것으로 취급한다. 그러나 원초적 입장에 있는 당사자는 정의의 두 원칙이 있는 까닭에 불확실성을 대체로 피해 갈 수 있으며, 자유와 함께 어느 정도 생활 수준을 보장받는다. 원초적 입장에서 무지의 베일의 효과는 정의의 두 원칙에 유리하게 작용한다.

평균 효용의 원칙을 추론하는 마지막 단계에서 기대치가 지닌 특이성으로부터 난점이 발생하는 이유는 기대치가 정상적으로 계산된다면 여러 대안이 지니고 있는 효용이 선택 당사자인 개인의 선호 체계로부터 형성되기 때문이다.

여기서 효용은 개인이 가진 가치 체계에 의해 평가된 여러 대안이 지닌 기대치를 의미하므로 각각의 효용은 서로 다른 사람의 선호 체계에 기초를 두고 있으며, 효용의 수만큼 서로 다른 많은 사람이 존재하게 된다. 그런데 각 개인은 자기의 목적 체계나 능력 또는 사회적 지위를 완전히 갖춘 사람 가운데 어떤 한 사람이 되려고 하는 모험을 한다. 그럼에도 불구하고 그들은 마치 자신이 아무런 목적도 갖고 있지 않은 것처럼 어떤 대안이 지닌 기대치를 선택하려 든다. 이런 식으로 주어진 기대치가 각 개인에게 무슨 의미를 줄 수 있을까?

이상의 논의에서 평균 효용의 원칙에 관한 추론이 의존하고 있는 확률과 기대치로부터 발생한 결함은 다음과 같이 정리된다. 첫째, 우리가 앞으로 어떤 사람이 될 똑같을 가능성, 즉 평등한 유사성을 지니고 있다고 할 때 이런 유사성이란 가설적인 확률에 불과할 뿐이다. 이 유사성은 오직 불충분한 이유의 원칙에 근거하고 있을 뿐이지, 평균 효용의 원칙을 허용하게 하는 어떠한 독자적인 근거도 제시하지 못한다. 둘째, 기대치에 관련한 공리주의적 논증은 당사자를 어떤 특정한 성격이나 의지가 없는, 즉 그를 어떤 특정한 관심이나 가치관을 따르고 있지 않은 사람으로 가정한다. 이러한 두 가지 결함을 함께 고려한다면 공리주의적 추론은 기대치가 가져다줄 수 있는 적절한 의미를 도외시한 채 확률적 논증과 개인 간의 비교만을 사용하는 순수한 형식적 표현에 불과한 것으로 드러난다.

29) 정의의 두 원칙에 관한 몇 가지 주요 근거

이 절의 목적은 공지성publicity의 조건과 최종성finality의 조건을 이용하여 정의의 두 원칙을 확증해 주는 두 가지 논거를 제시하는 데 있다. 하나는 공약의 부담strains of commitment이라는 개념으로 설명될 수 있는 논거이다. 우리가 일단 어떤 합의를 하게 되면 아무리 최악의 가능성에 처할지라도 합의한 사항을 준수해야 한다. 그런데 합의 당사자란 본래 자신이 용납하기 어려운 결과를 초래할 여지가 있는 사항에 대해선 합의하지 않는다. 그는 자신이 지키기 매우 어려운 사항도 피하려 한다. 원초적 합의란 최종적이며 영구적인 합의이기 때문에 거기에 더 이상의 기회는 주어지지 않는다. 공약의 부담이란 관점에서 보면 당사자는 자신의 기본권을 보호해야만 하며, 아울러서 발생 가능한 최악의 사태에도 대비해야만 한다. 그래서 합의 당사자는 다른 사람이 평생 누릴 수 있는 더 큰 선을 위해 자신의 자유를 상실하는 모험은 결코 하지 않으며, 또한 현실적으로 지키지 못할 약속은 아예 하지 않는다. 다른 하나는 공지성의 조건과 합의에 관한 여러 가지 제한 조건과 관련된 논거이다. 한 사회의 기본적 구조가 상당한 기간에 걸쳐 어떤 원칙을 지속해서 만족하게 하고 있다는 사실이 공공적으로 알려지게 되면, 그 체계에서 살아가는 사람에게는 그 원칙에 따라 행위를 하고 제도 속에서 자신이 맡은 본분을 다하려는 욕구가 생겨난다. 그래서 어떤 정의관이 사회 체계 속에 실제로 구현되었다는 사실이 공공적으로 인정받게 되어 그에 맞는 정의감이 생겨났다면 그러한 정의관은 안정된 정의관이라고 할 수 있다.

정의의 두 원칙이 실현되면 각자의 자유를 보장받게 되고, 또한 차등의 원칙의 의미가 살아나게 되어 모든 사람이 사회 협동체로부터 혜택을 받게 된다. 반면에 평균 효용의 원칙이 실현된다고 해서 모든 사람이 사회 협동체로부터 혜택을 받는 것은 아니다. 사회 체계에 대한 충성을 빌미로 전체의 더 큰 선을 위해 일부의 사람에게 그들의 이득을 보류하라고 강요할 수도 있기 때문이다. 그래서 희생을 감수해야 할 사람이 자신의 이해관계를 넘어서는 더 큰 이해관계와 강한 일체감을 느끼지 못한다면 그 체계는 안정된 체계가 될 수 없다. 효용의 원칙은 이러한 기대치의 희생을 요구한다. 공리주의자가 공감sympathy과 자비심을 강조하는 이유가 여기에서 분명하게 드러난다. 모든 사람의 공감과 자비심이 제대로 계발되지 않는 한, 공리주의적 정의관이 안정된 정의관이 될 가능성은 매우 희박하다.

그리고 우리가 다른 사람보다 불리한 위치에 서 있게 되면 자존감의 상실을 맛보게 된다. 즉 자신의 목적을 이루었을 때 느끼게 되는 가치감의 약화 현상을 경험하게 된다. 사회 협동체를 구성한 목적이 개인의 선을 증진하는 데에만 있다면 가치감을 약화시키는 현상은 언제라도 일어날 수 있다. 그러나 정의의 두 원칙이 적용되는 사회에서는 모든 사람의 선이 상호 이익을 위한 체계 속에 포함되어 있다. 그래서 그러한 체계 내에서 행해진 각자의 노력이 공적으로 인정받게 될 때 사람의 자존감은 신장한다. 평등한 자유가 확립되고 차등의 원칙이 제대로 작용할 경우에 이러한 결과가 나타난다. 상호 이익을 도모할 수 있는 방향으로 불평등을 배정하고, 평등한 자유 체세에서 자연적이거나 사회적인 여건 때문에 초래된 우연성을 이용할 수 없게 엄격히 제한할 때 그러한 사회 구조 속에서 살아가는 모든 사람은 서로에 대해 존경심을 표하게 된다. 다시 말해서 정의의 원칙은 사회의 기본적 구조 속에서 살아가는 사람이 서로를 수단이 아닌 목적 그 자체로 대하려는 욕구를 표현한다.

계약론적 관점에서는 모든 사람을 수단이 아닌 목적 자체로 대하라는 말을 평등한 원초적 입장에서 선택할 원칙에 따라 그들을 대하라는 말과 같은 의미로 해석한다. 사람을 수단이나 목적으로 대우한다는 것의 의미를 기대치와 관련해서도 말할 수 있다. 즉 사람을 목적 자체로 간주한다는 말에는 어떤 이익이 모든 사람의 기대치에 부응하는 이익이 아닌 한, 그러한 이익을 취하지 않겠다는 데 합의한다는 뜻이 들어 있다. 반면에 사람을 수단으로 생각한다는 말에는 인생의 전망을 놓고 볼 때 다른 사람의 더 높은 기대치를 위해 어떤 사람에게는 더 낮은 기대치를 아무런 망설임 없이 부과한다는 의미가 함축되어 있다.

30) 고전적 공리주의, 공평성, 그리고 자비심

고전적 공리주의의 관점에서는 이상적으로 공평한 공감적 관망자가 가능한 여러 제도 가운데 특정한 어떤 제도를 더 강력히 시인할 경우 그 제도는 정의로운 제도가 된다. 흄David Hume(1711~1776)이 가정한 바와 같이 여기서 말하는 시인은 제도의 작용과 제도에 참여하는 사람의 행복에 영향을 미치는 제도의 결과를 관망할 때 발생하는 특수한 쾌락이다. 이와 같은 특수한 쾌락은 공감의 결과이다. 그래서 공평한 관망자는 사회 체계를 관망하면서 그 사회 체계의 영향 아래에 있는 사람이 느끼게 되는 쾌락의 순수 총량에 비례하여 쾌락을 경험하게 된다. 그가 내리는 시인의 강도는 그가 관망하는 사회 속에서 느끼는 만족의 총량과 같거나 만족의 척도가 된다. 따라서 공평한 관망자의 시인은 고전적 효용의 원칙으로 표현할 수 있게 된다.

이러한 관망자의 특징은 그가 일반적 관점을 갖춘 사람이며, 자신의 이해관계에 연연해 하지 않으며, 모든 필요한 지식을 알고 있으며, 추리 능력이 있다는 점이다. 이러한 조건을 소유한 공평한 관망자는 욕구와 만족에 대한 각 사람의 이해 방식에 동일한 방식으로 반응하면서도, 그들이 처해 있는 상황이 관망자 자신에게 주는 영향을 있는 그대로 바라볼 줄 아는 공감적 동일화sympathetic identification의 능력을 발휘한다. 이런 식으로 고전적 공리주의는 공평한 공감적 관망자의 시인을 정의의 표준으로 받아들인다. 이로부터 모든 사람의 욕구를 단 하나의 욕구 체계로 융합해버린 몰개인성impersonality을 공평성으로 오인하는 실수를 범하게 된다.

각 개인이 추구하는 선이 서로 충돌하는 경우에 고전적 공리주의는 자비심으로 이 문제를 해결하고자 한다. 그러나 개인은 각자 자신의 선을 추구하는 개별적 인간이며, 자비심과 같은 고차적인 고상한 감정에는 그러한 충돌을 판정해 줄 수 있는 옳음의 원칙이 내포되어 있지 않다. 이 때문에 자비심이 선善 사이의 충돌을 조정해 줄 수 있는 판정 기준으로 작동하기는 어렵다. 자비심은 선택 원칙으로 기능할 이득이 없으므로 원초적 입장의 당사자에게 자비심을 귀속시켜야 할 아무런 이유가 없게 된다. 그런데 자비심과는 다르게 인류애the love of mankind는 개인 간의 차이점을 보장해주고, 삶이나 경험적 차원의 개별성을 인정해준다. 그래서 인류애가 애호할 가능성이 높은 여러 가지 선이 대립하거나, 혹은 충돌할 경우에 고전적 효용의 원칙이 아니라 개인을 평등한 도덕적 인격체로 간주하는 최초의 공정한 상황에서 합의하게 될 정의의 두 원칙에 따라 선 사이의 대립을 조정하는 방식으로 인류애의 목표를 정하게 된다.

제2부
제도론

2부에서는 정의의 원칙의 내용이 설명된다. 이를 위해 이 원칙을 만족하게 해주는 기본적 구조가 서술되고 그 원칙으로부터 발생하는 의무와 책무가 검토된다. 그러한 의무와 책무를 지닌 주요 제도는 한마디로 말해서 입헌 민주주의 제도이다. 지금까지 정의의 원칙이 제도적 형태와는 무관하게 다루어졌지만 이제 그것이 유효한 정치적 관점을 규정해 주며, 또한 그것이 합당한 방식으로 우리의 숙고된 판단과 일치할 수 있을 뿐만 아니라 동시에 그 판단의 연장이라는 점도 드러나게 된다.

제4장 평등한 자유

4장에서는 먼저 정의의 원칙이 제도에 적용되는 방식을 보여주는 4단계 과정과 자유의 개념이 규정되고, 그다음으로는 세 가지 평등한 자유의 문제, 즉 평등한 양심의 자유, 정치적 정의와 평등한 정치적 권리, 그리고 인간의 평등한 자유와 법의 지배 사이에 성립하게 되는 관계 등이 논의된다. 이어서 자유의 우선성 의미가 다루어지고, 마지막으로 원초적 입장에 대한 칸트적 해석이 제시된다.

31) 4단계 과정

일단 원초적 입장에서 정의의 원칙이 채택되면 각 당사자는 자신의 사회적 위치로 돌아간다. 그때부터 그들은 사회 체계를 향하여 어떤 요구를 할 때 정의의 원칙에 따라 판단하게 된다. 그러나 이러한 판단은 일정한 과정, 즉 4단계 과정을 통해 내려진다. 4단계 과정은 원초적 입장의 단계, 제헌 위원회의 단계, 입법의 단계, 그리고 사법의 단계 등으로 구성된다.

원초적 입장의 모든 당사자는 정의의 원칙을 선택한 뒤 제헌 위원회에 참여한다. 제헌 위원회 단계는 정치 형태의 정의正義를 정하고 헌법을 채택하는 단계이다. 제헌 위원은 이미 선택한 정의의 원칙의 제한 조건에 맞추어 정부가 지닐 헌법상의 권한과 시민의 기본권을 보장하기 위한 체제를 구상한다. 이 단계에는 이미 합의가 이루어진 정의관이 있기 때문에 부분적으로 무지의 베일이 걷힌다. 정의의 두 원칙 가운데 제1원칙인 평등한 자유의 원칙은 제헌 위원회의 일차적인 기준이 된다. 평등한 자유의 원칙이 요구하는 조건은 개인의 기본적 자유, 양심과 사상의 자유가 보장되어야 하며, 전체로서 정치적 과정이 절차적으로 정의로워야 한다는 것이다. 이로부터 헌법은 평등한 시민 사이에서 공동의 지위를 확립하고, 정치적 정의를 실현할 수 있게 된다. 그래서 정치적 정의 혹은 헌법적 정의의 실현을 위한 부분, 즉 사회의 기본적 구조의 첫 번째 부분은 정의로운 절차를 구상하고, 평등한 시민권의 자유를 보장하는 내용을 자체에 포함하게 된다.

입법의 단계에서 법안이 제안되려면 그 법안은 언제나

자신의 특수한 사정에 대해 모르는 것으로 간주되는 대표적 입법자의 입장에서 판단되어야 한다. 법규는 정의의 원칙과 헌법이 부과한 모든 제한 조건을 만족해야 한다. 정의의 제2원칙은 입법의 단계에서 작용한다. 이 원칙은 평등한 자유의 유지를 전제로 한 공정한 기회균등의 조건 아래 사회적·경제적 정책이 최소 수혜자의 장기적인 기대치를 극대화하는 것을 목표로 삼도록 지시한다. 그래서 사회적·경제적 효율성을 향상하기 위한 부분, 즉 사회의 기본적 구조의 두 번째 부분은 정치적·경제적·사회적 측면에서 각각의 형식으로 차등과 계층제를 포함한 효율적이면서도, 상호 이익이 되는 사회 협동체를 구성한다. 정의의 제1원칙이 정의의 제2원칙에 대해 갖는 우선성은 제헌 위원회의 단계가 입법의 단계에 대해 갖는 우선성 속에 그대로 반영된다.

사법의 단계는 법관과 행정관이 법규를 적용하고 시민 일반이 법규를 준수하는 단계이다. 이 단계에서는 모든 사람의 특성과 여건에 의해 모든 사람에게 적용할 수 있는 온전한 체계를 갖춘 법규가 채택되는 까닭에 모든 사람이 모

든 사실을 완전히 알게 되어 지식에 대해 아무런 제약도 없
게 된다.

4단계 과정에서 이용할 수 있는 지식은 대체로 다음 세
가지 종류의 사실로 구분된다. 원초적 입장에서는 사회 이
론과 여타 관련된 이론의 다양한 제1원칙과 그 결과를 이
용할 수 있다. 제헌 위원회의 단계와 입법의 단계에서는 사
회의 규모, 경제 발전의 수준, 제도적 구조, 자연적 여건 등
사회에 관련된 일반적 사실을 이용할 수 있다. 사법의 단계
에서는 개인이 지닌 사회적 지위, 천부적 속성, 특정한 이
해관계 등 개인에 관련된 특수한 사실을 이용할 수 있다.

32) 자유의 개념

자유는 그것이 현대인의 자유가 되었든 고대인의 자유가
되었든 모두가 인간의 열망에 직접 맞닿아 있다. 자유는 일
반적으로 다음과 같이 서술된다. 즉 이 사람이나 저 사람이
그와 같은 행위를 하거나 하지 않을 경우 이러저러한 제한
으로부터 자유롭거나 자유롭지 않다. 행위로부터 자유롭
거나 자유롭지 않을 수 있는 주체는 자연인뿐만 아니라 단

체도 포함된다. 그리고 제한이라는 것은 법적 의무와 규제, 여론과 사회적 압력에서 발생하는 강제적 영향력 등 여러 가지가 있다.

헌법과 법적 제한이라는 관점에서 자유를 바라볼 경우 자유란 제도적 구조 가운데 하나로 우리의 권리와 의무를 규정하는 공공의 규칙체계이다. 이러한 전제 아래 사람이 어떤 행위를 할 경우 자유롭다는 것은 그가 그 행위를 하건 하지 않건 아무런 제약을 받지 않을 뿐만 아니라 다른 사람의 간섭으로부터도 보호되어 있다는 것을 의미한다. 그러나 정의의 제1원칙에 포함된 기본적 자유가 제한될 수도 있다. 그것은 오로지 자유 자체만을 위해 제한된다. 다시 말해서 동일한 자유나 상이한 기본적 자유에 대해 적절한 보호를 보장하거나, 하나의 자유 체계를 최선의 방식으로 조정하려는 경우에만 제한된다.

때로는 빈곤, 무지, 수단의 결여 때문에 자신의 권리나 기회를 이용할 능력을 상실하게 되는 것을 자유에 대한 특수한 제한 조건이라고 말하는 경우가 있다. 그러나 이것은 자유에 대한 특수한 제한 조건이라기보다는 자유의 가치the worth of liberty에 영향을 미치는 것에 해당한다. 여기에서 자유의 가치란 정의의 제1원칙에 의해 규정된 권리로부터 각각의 개인이 가져간 만큼의 가치를 말한다. 자유와 자유의 가치는 다음과 같이 구분된다. 자유는 평등한 시민이라면 누구나 향유해야 하는 자유의 완전한 체계로 표현된다. 개인이나 단체가 가진 자유의 가치는 자유의 체계가 정해준 범위 안에서 각자의 목적을 증진한 만큼, 즉 그들의 역량만큼 얻는다.

평등한 자유는 모든 사람에게 같은 자유이므로 이보다 적은 자유에 대한 보상 문제는 발생하지 않는다. 그러나 자유의 가치는 모든 사람에게 같지 않으므로 보상의 문제가 제기된다. 어떤 사람은 남보다 더 큰 권력과 부를 가지고 있는 까닭에 자신의 목표를 달성할 수 있는 더 큰 수단을 갖게 된다. 그러므로 사회의 기본적 구조는 모든 사람이 똑같이 공유하고 있는 평등한 자유 체계가 최소 수혜자 계층에게 가져다줄 자유의 가치를 극대화하는 방향으로 편성되어야 한다. 이로부터 사회 정의의 목적이 규정된다.

33) 평등한 양심의 자유

평등한 양심의 자유는 원초적 입장의 당사자가 받아들일 수 있는 유일한 원칙이다. 모든 당사자는 어떤 지배적인 종교적 교설이나 도덕적 교설이 임의로 다른 교설을 박해하거나 억압하는 것을 허용하지 않는다. 그것은 그들의 자유에 대한 위태로운 모험이 될 것이기 때문이다. 평등한 자유의 원칙에 대한 합의는 그것이 최초의 합의이자 동시에 최종적 합의여야 한다.

원초적 입장의 모든 당사자는 그들이 향유하고 있는 자유와 같은 자유를 후손도 향유하기를 열망한다. 이러한 같은 자유는 평등한 자유의 원칙에 의해 보장되는 것이기 때문에 세대 간에는 아무런 이해관계의 갈등도 없게 된다. 다른 한편으로 원초적 입장의 당사자는 효용의 원칙을 받아들이지 않는다. 원초적 입장의 모든 당사자가 효용의 원칙을 허용하게 되면 그들의 자유는 사회적 이득의 계산에 좌우될 수밖에 없으며, 만족의 더 큰 순수 잔여량을 생산한다는 명목 아래 제한받게 된다. 다시 말해서 한 사회가 본래적 가치의 총합이나 인간적 관심에 초점을 맞춘 여러 종류의 활동에서 기인하는 만족의 순수 잔여량을 극대화하려고 할 경우 소수자의 자유를 얼마든지 무시해도 좋다는 식의 정당화 방식이 출현할 가능성이 높아진다. 그래서 목적론적 원칙에 근거를 둔 평등한 시민의 자유는 불안정한 자유가 될 수밖에 없다.

계약론적 관점에서 보면 평등한 자유는 공리주의에서처럼 본래적 가치의 총합을 극대화하거나 만족의 최대 순수 잔여량에 도달하기 위한 방식이 아니다. 평등한 자유에는 개인의 권리를 조정하여 가치의 총합을 극대화하려는 의도가 개입할 여지가 전혀 없다. 오히려 평등한 자유는 공정한 대우를 받아야 할 도덕적 존재인 시민이 수용하게 될 어떤 협동 체제의 원칙이 실현될 수 있도록 그들에게 할당된 권리이다. 그러므로 더 큰 경제적 이득이나 사회적 이득을 얻으려고 더 적은 평등한 자유를 받아들일 필요가 없게 된다.

34) 관용과 공동의 이익

국가가 특정한 종교를 선호해서는 안 되며, 국민이 어떤 종교에 가입하거나 탈퇴하든 국가는 중립을 유지해야지 벌금이나 근신 등의 수단으로 간섭하려 하면 안 된다. 국가가 신앙 고백을 요구해서도 안 된다. 이와는 달리 특정 종교 단체는 구성원의 희망에 따라 얼마든지 자유롭게 조직될 수 있다. 각 단체의 구성원은 계속 단체에 참여할 것인지 스스로 선택할 수 있으며, 이러한 조건 아래에서 각기 자체적인 내부 생활을 영위하는 데 필요한 규율도 가진다. 법은 누군가 배교를 했든 종교를 갖고 있지 않든 이런 것을 법률상의 죄로 간주하지도 않으며, 나아가서 형벌도 부과하지 않는 방식으로 종교상의 권리를 보호한다. 그리고 정부는 어떤 단체에 대해서든 마음대로 합법화하거나 불법화할 권한이 없다. 이와 마찬가지로 예술이나 과학 등의 영역에 대해서도 아무런 권한이 없다.

정의의 원칙에 따를 경우 국가란 평등한 시민이 구성한 단체일 뿐이다. 그러므로 국가는 철학적 교설이나 종교적 교설에 관여해서는 안 된다. 그러나 국가는 최초의 상황에 있는 평등한 각 대표적 개인이 함께 선택할 원칙에 따라 그들이 추구하려는 도덕적이거나 정신적인 관심 분야 등을 규제한다. 정부는 이런 방식으로 권한을 행사하여 사실상 시민의 대행자 역할을 하게 되며, 이로부터 시민이 지니고 있는 공공적 정의관이 요구하는 바를 만족하게 해준다. 여기에는 그 어디에서도 이른바 전권全權을 지닌 세속적 국가의 개념을 찾아볼 수 없다. 국가에는 오직 도덕적이며 종교적인 평등한 자유의 조건을 보장해 줄 의무만이 있다.

공공질서의 유지는 일정한 한도 내에서 모든 사람이 그 내용에 상관없이 자기의 목적을 달성하거나 자기가 이해한 방식으로 도덕적 의무나 종교적 의무를 완수하는 데 필요한 조건이다. 공공질서의 확립으로부터 오는 국가적 이익의 범위 안에서 평등한 양심의 자유를 규제하는 일은 공동의 이익을 위한 원칙, 즉 대표적인 평등한 시민의 이익을 위한 원칙으로부터 도출되는 제한 사항이다. 그래서 양심의 자유는 공공질서를 해치게 된다는 합리적 예상이 있을 때 제한된다. 이러한 예상은 상식의 선에서 이루어지고, 모든 사람이 쉽사리 알 수 있는 간명한 사실로 표현되어야 하며, 또한 널리 공유된 추리 방식이 사용되어야 한다. 과거 몇 세기에 걸쳐서 잘못된 근거에 기초하여 실행된 관용toleration의 제한이 자유의 제한을 불러왔던 적이 있다.

관용을 제한했던 잘못된 대표적인 사례로 아퀴나스 Thomas Aquinas(1224~1274)와 루소를 들 수 있다. 아퀴나스는 신앙을 영혼의 생명으로 간주하고 신앙을 더럽히는 일은 단순히 생명을 유지할 목적으로 위조 화폐를 만드는 것보다 훨씬 중차대한 문제라는 근거로 이단자를 사형하는 제도를 정당화하였다. 그러나 아퀴나스가 주장하는 바와 같이 신앙을 영혼의 생명으로 간주하거나 영혼의 안전을 위해 이단을 억제하는 일, 즉 교회의 권위 밖으로 벗어나려는 이탈을 억제하는 일이 필요하다는 식의 주장은 일종의 독단에 불과하다. 루소에 의하면 저주받은 누군가를 사랑하는 것은 저주를 내려 그를 처벌한 신을 증오하는 것이 되므로 저주받은 자와 함께 평화롭게 살 수 없다는 것이 일반적인 생각이라고 한다. 그래서 어떤 사람을 저주받은 사람으로 간주하는 사람은 틀림없이 저주받은 것으로 지목된 사람을 박해하거나 개종시킬 것이므로 시민의 평화가 유지되려면 이러한 신념을 전도하는 종파를 믿어서는 안 된다는 것이 루소의 입장이다. 이로부터 그는 교회의 바깥에서 어떠한 구원도 있을 수 없다고 이야기하는 종교에 관용을 베풀지

말아야 한다고 주장한다.

35) 불관용자에 대한 관용

원초적 입장이라는 관점에서 볼 때 종교적 진리에 관련된 어떤 견해도 시민 일반을 구속할 힘을 가지고 있지 않다. 또한 신학적 교설에 관련한 문제가 제기되었을 경우 그것을 해결할 수 있는 권리를 가진 권위는 단 하나도 없다. 각자는 자신의 종교적 책무를 스스로 결정할 수 있는 평등한 권리를 갖고 있으며, 이러한 권리를 다른 사람이나 제도적 권위에 양도해서는 안 된다. 그리고 정의에 의해 보장되는 평등한 양심의 자유는 시효時效로 소멸하는 권리가 아니다. 그 때문에 우리는 언제라도 자유롭게 신앙을 바꿀 수 있다. 이러한 권리는 우리 각자의 선택 능력을 일관성 있게 적용하든 지성적으로 사용하든 간에 이런 것과는 전혀 무관하다. 이런 점에서 볼 때 자유의 문제란 종교라는 이름 아래에서 인간이 서로에게 행하게 될 어떤 요구를 규제하기 위해 하나의 원칙을 선택하는 문제이다.

그런데 정의의 두 원칙의 규제를 받는 질서 정연한 사회의 시민이 불관용적 종파에 속해 있는 사람을 억압해도 되는 것일까? 혹은 정의는 어떤 조건 아래에서 불관용자에게도 관용을 베풀라고 요구하는가? 질서 정연한 사회의 시민이 불관용적 종파를 억압한다면 그것은 매우 부당한 일이 된다. 질서 정연한 사회의 모든 시민은 정의의 두 원칙에 근거한 정의로운 헌법을 유지해야 하는 자연적 의무를 지니고 있다. 다른 사람이 정의롭지 않게 행위 한다고 해서 우리도 그렇게 할 수 있는 것은 아니다. 우리는 정의의 자연적 의무를 수행할 책임이 있다.

정의로운 시민이라면 자유 자체 그리고 자신의 자유가 침해받지 않는 한 평등한 자유와 정의로운 헌법을 힘써 지켜내야 한다. 정의로운 시민은 불관용자가 다른 사람의 자유를 존중할 줄 아는 방향으로 이끌고 가야 한다. 그러나 여기에는 헌법 자체에 어떠한 위험이 없다면 불관용자에게도 평등하게 분배된 자유를 부인해서는 안 된다는 전제 조건이 깔려 있다. 그리고 질서 정연한 사회에 불관용적 종파가 존재할 경우 종파의 구성원이 아닌 다른 사람은 사회에 존속하고 있는 제도의 내적 안정성을 고려해봐야만 한다.

여기에서 안정성이란 어떤 정의롭지 못한 경향이 발생했을 때 질서 정연한 사회의 전체 체제가 지닌 정의를 보존하기 위해 어떤 다른 힘을 동원할 수 있다는 사실을 의미한다.

결론적으로 말해 불관용적 종파는 자신이 불관용을 받고 있을 때 그것에 대해 불평할 아무런 명분이 없다. 불평은 성실성에 근거하여 다른 사람에게 고지되는 일종의 항의 표시이며, 사람 사이에서 수용된 원칙을 어떤 사람이 위반하였을 때나 표출되는 것이기 때문이다. 반면에 불관용적 종파로 인해 관용을 베푸는 사람의 안전과 자유로운 제도가 위험에 직면하게 되었다고 판단될 경우에는 불관용적 종파의 자유를 제한할 수 있다. 오직 이러한 경우에만 관용자는 불관용자를 제한할 수 있다.

36) 정치적 정의와 헌법

정의로운 헌법은 불완전한 절차적 정의의 한 사례이다. 이러한 사실로부터 정치적 정의 혹은 헌법의 정의는 절차적 측면과 구성적 측면 등의 요구 사항을 만족하게 할 필요가 있게 된다. 절차적 측면은 헌법이 평등한 자유가 필요로 하는 조건을 만족하게 해줄 수 있는 정의로운 절차이기를 요구한다. 구성적 측면은 헌법이 모든 실행 가능한 정의로운 제도 가운데 구성되는 것 중 그 어떤 것보다도 정의로우며, 효율적인 입법 체계가 될 수 있도록 구성되기를 요구한다.

헌법(사회의 기본적 구조의 기반이자 나머지 제도를 규제하고 통제하는 고차적인 규율 체계)으로 규정한 정치적 절차에 평등한 자유의 원칙이 적용될 경우 그 원칙을 평등한 참여의 원칙이라고 부른다. 참여의 원칙은 모든 시민이 스스로 준수해야 할 법을 만드는 입헌 과정에 참여하여 결과를 결정하는 데 영향을 미칠 수 있는 평등한 권리를 요구하는 원칙을 말한다. 평등한 참여의 원칙이 충족되면 모든 사람은 평등한 시민이라는 공통된 지위를 확보하게 된다.

입헌 체제는 다음 여섯 가지 요소로 구성된다. 첫째, 사회의 기본정책을 결정하는 모든 권한은 유권자에 의해 선출된 대표단(입법부)에 있다. 둘째, 정당은 정부의 직위를 얻어내기 위해 시민으로부터 충분한 지지를 확보해낼 수 있는 공공선에 대한 입장을 제시해야 한다. 셋째, 모든 정상적인 성인은 정치 문제에 참여할 권리를 가지며 1인 1표의 원칙이 준수되어야 한다. 넷째, 선거는 정규적으로 공정하고 자유롭게 시행되어야 한다. 다섯째, 헌법은 언론의 자유, 집회의 자유, 정치적 결사의 자유 등을 확고하게 보장해야 한다. 여섯째, 입헌 체제에서는 충성스러운 반대loyal opposition의 원칙이 인정된다.

그런데 평등한 자유의 원칙이 평등한 참여의 원칙으로 규정될 경우 평등한 정치적 자유에는 그것에 대한 의미의 문제, 범위의 문제, 그리고 그것의 공정한 가치를 올리기 위해 취해야 할 조치에 관한 문제 등이 제기된다.

평등한 정치적 자유에 대한 의미의 문제에는 몇 가지 의미와 요구 사항이 포함되어 있다. 먼저 1인 1표의 원칙은 유권자의 각 표가 투표의 결과를 결정하는 데 있어 거의 같은 비중을 지니고 있다는 것을 의미한다. 입법부의 모든 구성원은 각자의 유권자를 대표해야 한다. 대표를 뽑는 선거구가 미리 헌법에 명시되어 있어야 하고, 선거구는 가능하다면 공평한 절차에 따라 실제로 적용할 수 있는 일반적인 기준에 근거하여 구획되어야 한다. 이것이 게리맨더

링gerrymandering(임의로 선거구를 변경하는 일)을 막기 위한 헌법적 보장 조항이다. 선거구를 나누기 위해 요구되는 기준과 절차는 선거구를 편견으로 구상할 만한 지식이 전혀 없는 제헌 위원회의 관점에서 마련되어야 한다. 또한 평등한 참여의 원칙은 형식적 의미이긴 하나 시민이라면 누구든 공적인 지위에 동등하게 접근할 수 있다는 점을 표명한다. 그래서 시민 각자는 자유롭게 정당에 가입하거나 선거에 입후보할 수 있으며, 권한이 있는 각 지위를 획득할 수 있는 자격이 있는 것으로 여겨진다.

평등한 정치적 자유의 범위는 헌법이 다수결을 수용하고 있는 정도에 따라 가변적으로 설정된다. 반면에 다른 자유의 범위는 어느 정도 고정된 것으로 간주한다. 이런 방식으로 헌법은 아주 넓은 범위까지 평등한 정치적 자유를 확립할 수 있다. 이 헌법은 그것이 헌법적으로 제한하고 있는 사항에 저촉되지 않는 모든 중요한 정치적 결정 사항에 대해서는 단순한 다수결 원칙의 절차를 적용한다. 이 절차의 특징은 소수자가 다수자에게 제동을 걸거나 무시할 수 없다는 점이다. 그러나 헌법이 더 큰 다수를 어떤 종류의 일정한 결정 기준으로 삼으려 한다거나, 다수자의 활동 범위나 권한을 제한할 목적으로 입법부 등의 권한을 제한하는 조항을 두게 되면 평등한 정치적 자유의 범위는 언제나 더 협소하게 나타날 수밖에 없다. 예컨대 입법부를 양원제로 두어 서로 견제하게 한다거나, 권력의 균형을 맞추기 위해 권력을 분립시키고, 사법적 심의를 통해 권리청원을 하게 하는 등의 입헌주의의 전통적인 방식은 평등한 참여 원칙의 범위를 제한하는 사례에 해당한다. 그러나 이와 유사한 제한이 모든 사람이나 사회의 모든 부분에 고르게 적용될 경우 그러한 제도는 평등한 정치적 자유와 일치하게 된다.

평등한 정치적 자유의 공정한 가치를 올리려면 사회의 모든 구성원이 지닌 평등한 참여권의 가치가 헌법상에서 구현되어야 한다. 그렇게 하려면 헌법은 시민이 정치 과정에 참여하여 그러한 과정에 실제로 영향력을 행사할 수 있도록 공정한 기회를 보장해주어야 한다. 더 큰 사적 수단을 소유한 사람이 이 수단을 최대한의 이점으로 활용하여 자신이 마음먹은 대로 공공적인 논의 과정을 좌지우지하게 될 때 평등한 참여의 원칙에 의해 마땅히 보장되어야 할 자유가 지니고 있는 공정한 가치는 대부분 상실된다.

평등한 정치적 자유의 공정한 가치를 모든 사람에게 보장해주려면 반드시 어떤 보완 조치가 있어야만 한다. 이를 위해 취해야 하는 조치로는 세 가지를 들 수 있다. 첫째, 어떤 사회가 생산수단의 사유를 허용하고 있는 사회라면 그 사회에서는 마땅히 재산과 부가 널리 분배되어야 한다. 둘째, 정부가 자유로운 공개 토론을 장려하려면 정상적인 근거에 기초하여 정부의 자금을 제공해야 한다. 셋째, 입헌 체제에서 정당이 맡은 역할이 충실하게 수행되려면 정당이 사적인 경제적 이해관계로부터 독립할 수 있을 만큼의 충분한 세입을 할당받아야 한다.

이상에서 논의한 참여의 원칙에 대한 해명으로부터 정의로운 헌법의 의미가 드러나게 되는 데 그것의 의미는 정치적 직위와 권한을 얻으려면 반드시 준수해야만 하는 공정한 경쟁의 형식을 설정하는 데 있다.

37) 참여 원칙의 한계

평등한 참여의 원칙이 적용될 때 그것을 제한하는 방식

에는 세 가지가 있다. 첫째, 다소 넓은 범위에 걸쳐 있는 참여의 자유는 헌법에 의해 규정될 수 있다. 둘째, 정치적 자유에는 불평등이 허용될 수도 있다. 셋째, 대표적 시민의 자유의 가치를 보장해주기 위해 그들에게 많든 적든 양에 상관없이 사회적 자원을 분배해 줄 수도 있다. 이 세 가지 방식에는 각각 관련성 있는 문제가 함축되어 있다.

첫 번째 제한 방식은 다수결 원칙의 문제와 관련되어 있다. 참여의 원칙의 범위는 권리헌장, 사법부의 재심리, 권력분립 등 입헌주의적 장치에 의해 규정되는데 대체로 단순한 다수결 원칙의 절차가 제한받는 만큼 규정된다. 다수결 원칙을 제한하는 문제는 과연 어떤 제한이 우리의 여건에 맞게 자유의 목적을 최선으로 증진해 줄 수 있는가를 찾아내는 일이다. 다수결 원칙은 더 큰 평등한 자유에 의해 제한된다. 바꿔 말해 더 큰 평등한 자유를 확보하게 되면 다수결 원칙은 제한된다. 이것이 다수결 원칙의 제한을 정당화하는 방식이다. 그러므로 다수결 원칙의 제한은 경제적이거나 사회적인 이득의 보상에 근거하여 이루어지지 않는다. 다수결 원칙이 제한되지 않을 경우 그 원칙은 가끔 참여의 자유보다 더 큰 폭을 가진 어떤 다른 자유에 적대적 경향을 띨 수도 있다. 그러나 이러한 문제는 입헌 제도를 적용할 경우 해결된다. 즉 입헌 제도는 다수자가 그들의 의지를 구현하고자 할 때 그것을 지연시켜 좀 더 숙고한 후 신중한 결정을 내리게 하는 방향으로 다수자를 유도하여 그 문제를 해결한다.

그런데 다수결 원칙에 대해서 그것이 어떻게 규정되고 있든 그 원칙은 욕구의 강도를 고려하지 않고 있다는 반론이 제기될 수 있다. 왜냐하면 소수자가 지닌 더 강렬한 감정을 다수자가 침해할 가능성이 있기 때문이다. 이러한 비판은 대체로 입헌 과정에서 욕구의 강도가 적절히 고려되어야 한다는 잘못된 생각에 근거한다. 일단 정의에 관련한 문제가 제기되면 언제라도 감정의 강도가 아닌 법질서의 확립이라는 더 큰 정의에 우리의 목표를 두어야 한다.

두 번째 제한 방식은 투표권 수의 문제와 관련되어 있다. 평등한 정치적 자유에 반대하는 사람은 정치적 불평등이 더 적은 자유를 지닌 사람에게 오히려 이익이 될 수 있다고 믿는다. 이런 믿음으로부터 밀Mill은 지능이 높고, 교육을 받은 사람이 영향력을 제대로 발휘하려면 여분의 투표권, 즉 복수 투표권을 가져야 한다고 주장한다. 밀은 사람이 공동의 이해관계가 얽혀 있는 어떤 공동 사업을 시행하고 있을 때 그 사업에 관련된 모든 사람은 언제나 의견을 발언해야 하나, 그렇다고 해서 그들 모두의 발언권까지도 동등할 이유는 없다고 생각한다. 국가의 대사 역시 공동 사업이나 마찬가지이므로 모든 사람이 같은 투표권을 가지고 있을지라도 제대로 공공 이익을 관리하려면 더 큰 능력을 지닌 사람에게 더 큰 발언권을 줘야 한다. 그러나 이처럼 우월한 지혜와 판단력을 지닌 사람은 정의와 공동선의 실현을 위해 항구적으로 힘써야 한다는 조건을 충족해야 한다. 밀은 우리가 이러한 견해를 받아들일 경우 복수 투표제는 완전히 정의로운 제도가 되며, 표를 적게 확보한 소수자를 포함한 모든 사람이 이와 같은 체제로부터 오는 이득을 다 함께 향유하게 되리라고 확신한다.

그러나 자유는 자유 자체를 위해 제한되는 것이지 더 큰 경제적·사회적 이득을 결과하기 위해 제한되는 것이 아니다. 공동선에 대한 판단은 경제적·사회적 이득이 아니라 대표적 시민이 지닌 기본적인 평등한 자유에 근거하여 이루어져야 한다. 밀이 주장한 바와 같이 복수 투표제가 그런 이득을 가져다준다고 해서 우리가 더 적은 자유를 수용해야 할 이유는 없다. 1인 1표제의 위반은 가장 명백한 정치적 불평등이다. 1인 1표제로부터 이탈한 정도는 부정의의 심도를 드러내 주는 구체적인 척도가 되며, 부정의가 초래한 결과에 대해 보상할 때 그 보상 근거의 강도를 지시해 준다.

세 번째 제한 방식은 공정한 자유의 가치를 보장해주는 문제와 관련되어 있다. 헌법은 시민의 상호 관계를 규정하는 안전한 기초를 제공한다. 한 개인이 정치 생활에 참여한다는 사실은 그가 자신의 주인이 된다는 의미가 아니라 다른 사람과 마찬가지로 동등한 발언권을 갖게 된다는 것을 의미한다. 또한 정치적 자유는 다른 사람에게 명령을 내리고 싶어 하는 개인의 야망을 만족하게 해주는 것이 아니다. 왜냐하면 각자는 모든 사람이 정의로운 것으로 여기고 있는 것에 기초하여 각자의 요구를 조정해야 하기 때문이다. 공공의 의지가 이런 식으로 모든 사람이 지닌 신념과 그들의 이익을 고려해준다면 시민적 우의는 보다 공고해지고, 정치문화의 기풍은 진작된다. 나아가서 평등한 정치적 자유의 공정한 가치는 자치self-government로 표현되며, 자치의 결과는 시민의 자부심을 높여 줄 뿐만 아니라 정치적 자신감도 올려준다. 사회의 더 작은 여러 하부 조직을 통해 발현된 자기 자신에 대한 가치 의식은 전체 사회를 규제하는 헌법 안에서 확증된다. 우리는 어떤 사람이 투표하리라는 기대를 하고 있기 때문에 그가 어떤 정치적 견해를 갖고 있으리라고 기대한다. 한 개인이 자신의 견해를 형성하는 데 들어간 시간과 이를 통해 구성된 생각은 그의 정치적 영향력이 실질적으로 그에게 가져다줄 수 있는 어떤 보상을 바라고 만들어졌다고 볼 수는 없다. 오히려 정치적 견해를 자체로 즐길 수만 있다면 그러한 견해는 사회를 바라보는 관점을 넓혀줄 뿐만 아니라 시민의 지적 능력과 도덕적 능력을 아울러서 개발시켜 주게 된다. 이런 의미에서 평등한 정치적 자유를 단순히 수단으로 가볍게 처리하려 하면 안 된다.

38) 법의 지배

법이 일관되고 공평하게 운용되고 있는 것을 규칙성으로서의 정의라고 하며, 이러한 의미의 정의가 법체계에 적용되고 있는 것을 법의 지배rule of law라고 한다. 공공 규칙의 강제 질서로 간주되는 법체계의 목적은 합리적 인간의 행위를 규제할 뿐만 아니라 사회적 협동체의 틀을 제공하는 데 있다. 공공 규칙이 정의로워야 사람이 합당하게 기대할 수 있는 토대가 마련된다. 공공 규칙은 사람이 서로 의지할 수 있도록 해주어야 하며, 그 규칙이 사람의 기대를 충족해주지 못하고 있다면 저해 요인을 찾아내어 그것에 반대할 수 있는 정당한 근거를 제공해주어야 한다. 이러한 요구의 기초가 되는 공공 규칙이 불안정하게 되면 사람의 자유와 권리의 영역 역시 불안정하게 된다.

법질서를 공공 규칙의 체계로 간주하는 핵심적 이유는 합법성의 원칙과 결부된 신조를 도출하려는 데 있다. 합법성의 원칙은 합리적 인간 사이에 평등한 자유를 최대한 확보하고자 하는 상호 합의에 확고한 기초를 두고 있다. 최대한의 평등한 자유를 지니고, 그러한 자유를 행사하는 데 필요한 확신을 하려면 일반적으로 법의 지배가 유지되어야 한다. 법질서에서 합법성의 원칙과 결부되어 도출된 신조에는 '해야 한다는 할 수 있다를 함축한다'는 신조, '유사한 경우는 유사하게 다루어야 한다'는 신조, '법이 없다면 벌도 없다'는 신조, 그리고 '자연적 정의의 개념을 규정하는' 신조 등 네 가지가 있다.

'해야 한다ought는 할 수 있다can를 함축한다'는 신조는 법 체계가 지닌 특성을 명시해준다. 합리적 인간의 행위를 규제하기 위해 제시된 규칙의 체계는 우리가 실행할 수 없는 사항을 의무로 부과해서는 안 된다. 지켜질 수 있고, 실행될 수 있는 법과 명령만이 믿을 수 있는 것이다. 우리의 능력 밖에 있는 일을 수행하지 못한 것이 위법은 아니다. 그것을 위법으로 간주하는 일은 자유에 대해 참을 수 없는 부담을 준다.

'유사한 경우는 유사하게 다루어야 한다'는 신조가 지켜지지 않는 경우에도 인간이 법규를 통해 자신의 행위를 규제하려 드는 일은 어리석은 짓에 불과하다. 이 신조는 재판에서 행사될 수 있거나 혹은 다른 당국자에 의해서도 발휘될 수 있는 재량의 범위를 제한해준다는 의미를 함축한다.

'법이 없다면 벌도 없다Nullum crimen sine lege'는 신조는 몇 가지 요구 사항을 가진다. 먼저 법이란 공지되고 공표되어야 하며, 의미 또한 분명하게 규정되어야 한다. 법규는 그것의 진술과 의도가 일반적이어야 하며, 아무런 언급이 없다 해도 그것이 누구를 겨냥하고 있는지 이름이 밝혀질 수 있는 특정한 개인을 해치려는 방식으로 사용되어서는 안 된다. 그리고 범죄가 무거울수록 엄격하게 해석되어야 하며, 형법은 그것의 적용을 받게 될 사람을 불리하게 만드는 소급 효력을 가져서는 안 된다.

'자연적 정의의 개념을 규정하는' 신조는 재판 과정의 성실성을 유지하기 위해 준비된 안내 지침이다. 위법의 여부는 제대로 가려져야 하고 위법이 일어났을 경우에는 합당한 형벌이 부과될 수 있도록 양심적인 노력을 해야 한다. 그래서 법체계는 심문 절차를 합리적으로 보장해 줄 수 있는 증거에 관한 규칙을 갖고 있어야 한다. 재판관의 독립성은 보장되어야 하며, 재판관 본인은 공평해야 하고, 누구도 자신의 문제를 스스로 판단해서는 안 된다. 심문은 공정해야 할 뿐만 아니라 공개적이어야 하며, 공중의 불평 등 여론에 편승해서도 안 된다. 이로부터 자연적 정의의 신조는 법질서를 공평하면서도 규칙적으로 유지하려면 반드시 있어야만 하는 신조로 드러난다.

39) 자유의 우선성에 대한 정의

자유의 우선성priority of liberty은 정의의 제1원칙인 평등한 자유의 원칙이 제2원칙인 차등의 원칙과 공정한 기회균등의 원칙보다 우선이라는 것을 의미한다. 자유에 대한 요구는 어떤 요구보다도 가장 먼저 충족되어야 하며, 자유는 오직 자유 자체만을 위해 제한된다. 자유가 제한되는 경우는 두 가지가 있다. 첫째, 기본적 자유가 평등하긴 하나 그 범위가 넓지 않은 경우이다. 이런 경우란 대표적 시민이 모든 것을 고려해 볼 때 자유가 제한되는 것이 오히려 그들의 자유를 위해 이득이 될 것이라고 생각하는 경우를 말한다. 둘째, 기본적 자유가 불평등한 경우이다. 이런 경우란 자유의 불평등한 분배 때문에 오히려 더 적은 자유를 갖게 될 사람의 자유가 더욱 잘 보장될 수 있는 경우를 말한다.

자유가 제한될 수 있다는 사실을 정당화하거나 변호할 수 있는 상황에는 두 가지가 있다. 하나는 자유의 제한이 자연적 제약은 물론 인간 삶에서 일어나는 우연한 일이나 역사적 우연성으로부터 발생한다는 점이다. 예컨대 질서 정연한 사회에서조차도 사상이나 양심의 자유가 합당하게 통제받을 수 있으며, 참여의 원칙 또한 어느 정도 제한받을 수 있다. 이러한 제한은 다소 영구적이라고 할 수 있는 정치적 삶의 조건에서 발생하며, 성인보다 어린이의 자유가 적을 수밖에 없다는 사실과 더불어 인간의 상황에 이미 주어진 자연적 특성에 우리가 적응한 결과이다. 다른 하나는 사회 체제와 개인의 행위에는 이미 정의롭지 못한 요소가 존재한다는 점이다. 그러나 인간이 정의롭지 못한 방향으로 나가려고 하는 성향은 어느 정도는 사회 제도의 정의 여부에 따라 제어될 수 있다. 질서 정연한 사회는 이와 같은 인간의 성향을 제거하거나 적어도 제어하려는 사회이다.

정의론은 이상적인 부분과 비이상적인 부분으로 나누어서 탐구된다. 이상적인 부분에서 선택되는 정의의 원칙은 축차적 서열로 구성되며, 그 서열을 통해 이상적인 부분에 비교적 어떠한 요소가 더 긴급한가를 명시한다. 이와 같은 축차적 서열에서 우선하는 자유의 우선성 규칙은 비이상적인 부분에도 적용된다. 비이상적인 부분은 자연적 제한과 역사적 우연성을 다루는 원칙과 부정의를 처리하는 원칙 등 두 가지 하위 원칙으로 구성된다. 이러한 원칙은 다음과 같은 문제에 적용된다. 예컨대 우리가 더 협소한 범위의 자유를 갖게 되는 경우, 즉 공공질서에 일치하는 양심의 자유나 사상의 자유가 규제되는 경우는 비이상적인 부분 가운데 자연적 제한을 다루는 부분에 속한다. 그리고 불관용자의 자유를 억제한다거나 투쟁적인 종파 간의 폭력 등을 제지하는 일은 부분적으로 준수되어야 할 사항에 해당한다. 마지막으로 어떤 사람이 다른 사람보다 투표권이 많거나 비중이 크며, 또한 어떤 계층에게는 아예 선거권을 주지 않았을 경우 정치적 자유는 불평등한 것으로 간주한다. 이로부터 말하고자 하는 요점은 자유를 더 적게 가지고 있는 사람에게 보상이 이루어져야 한다는 점이다. 우리는 언제나 더 적은 자유를 지니고 있는 사람의 관점에서 상황을 판단해야 한다.

평등한 자유와 더 적은 자유와 관련된 문제 가운데 하나로 부권주의paternalism의 문제가 있다. 부권주의의 원칙은 원초적 입장에 수용된다. 그것이 수용되는 이유는 사회 속에서 당사자의 이성과 의지가 연약해지거나 불확실해질 수도 있기 때문이다. 부권주의적 권한이 지니고 있는 실제 효력은 우리가 더는 자신의 선을 돌볼 수 없게 되었을 경우에 발휘된다. 여기서 문제삼고 있는 어떤 개인의 합리적 능력이 개발되거나 회복되면 부권주의적 권한을 행사한 사람은 자신이 내린 결정이 문제의 개인을 위해 내린 결정이며, 또한 자신이 그 개인에게 최선을 다했다는 사실에 대해 그가 합의하리라는 점을 논증할 수 있어야 한다. 부권주의적 간섭이 정당화되려면 당사자의 이성과 의지가 명백히 부족하거나 결여되어 있어야 한다. 또한 그러한 간섭은 기본적 가치에 관한 해명으로부터 주어지는 지침에 따라 이루어져야 한다. 부권주의적 원칙은 분명 우리 자신의 불합리성을 막으려는 데 목적이 있다. 그렇다고 해서 나중에 합의만 얻어내면 되므로 어떤 수단이든 다 동원하여 그것을 막으라는 뜻은 여기에 없다. 부권주의적 원칙은 사람이 지닌 신념이나 그의 인격에 가해지는 횡포를 허용하지 않는다.

앞의 논의를 고려하여 다듬어진 정의의 제1원칙과 그것에 적합한 우선성 규칙은 다음과 같다.[7]

제1원칙

각자는 모두를 위한 유사한 자유의 체계와 양립할 수 있는 평등한 기본적 자유의 가장 광범위한 전체 체계에 대해 평등한 권리를 가져야 한다.

우선성 규칙

정의의 원칙은 축차적 순서로 등급이 매겨져야 하며, 그 결과 자유는 자유를 위해서만 제한될 수 있다. 거기에는 두 가지 경우가 있다.

(a) 덜 광범위한 자유는 모두가 공유한 자유의 전체 체계를 강화해야만 하고,

(b) 덜 평등한 자유는 더 적은 자유를 지닌 시민에게 받아들

---

7 같은 책, 220쪽.

여질 수 있어야만 한다.

40) 공정으로서의 정의에 대한 칸트적 해석

평등한 자유의 원칙이 도출되는 바탕인 공정으로서의 정의에 대한 칸트적 해석Kantian interpretation은 칸트의 자율성autonomy 관념에 기초를 두고 이루어진 해석이다.

칸트는 도덕 원칙을 합리적 선택의 대상으로 여긴다. 도덕 원칙은 윤리적 공화국ethical commonwealth, 즉 목적의 왕국 안에 있는 모든 사람이 각각 자신의 행위를 다스릴 수 있도록 도덕 법칙을 합리적으로 결정해 준다. 도덕 원칙이 목적의 왕국을 위한 입법으로 간주되면 이 원칙은 모든 사람에게 공공적으로 수용된다. 마지막으로 칸트는 도덕적 입법이 일정한 조건 아래에서 합의된다고 가정한다. 그가 제시한 합의 조건이란 인간이 자유롭고 평등한 합리적 존재라는 사실을 특징적으로 부각해줄 수 있는 조건을 말한다.

인간이 자율적으로 행동하려면 인간의 본성을 자유롭고 평등한 합리적 존재로 표현하고 있는 행위의 원칙을 선택해야 한다. 이러한 칸트의 주장에 근거할 경우 행위의 원칙은 사람의 사회적 지위나 타고난 재능을 고려한 선택이어서는 안 되며, 각자 살고 있는 특정한 사회나 사람이 각자 원하는 특정한 사물 등 우연성에 따른 선택이어서도 안 된다. 이런 식으로 선택한 원칙에 근거한 행위는 타율적 행위이다. 원초적 입장에 도입된 무지의 베일은 합의 당사자가 타율적 원칙을 선택하도록 유도하는 지식을 원천적으로 차단한다. 자유롭고 평등한 합리적 인간으로 여겨지는 당사자는 정의의 원칙이 필요한 여건이 형성되었다는 것을 알고서 서로 힘을 합하여 자율적 원칙을 선택하려고 노력한다. 선택된 원칙에 따라 하는 행위는 사람이 인간 삶의 일반적 조건 아래 자신의 본성이 자유롭고 평등한 합리적 존재라는 사실을 드러내는 행위이다.

정의의 원칙은 칸트의 정언명법categorical imperatives과도 유사하다. 왜냐하면 칸트는 정언명법을 본성상 자유롭고 평등한 합리적 존재로서의 인간에게 적용되는 행위의 원칙으로 이해하기 때문이다. 정언명법의 타당성을 위해 사람이 특정한 욕구와 목적을 가지고 있어야 한다는 사실을 전제할 필요는 없다. 반면에 가언명법은 사람이 그러한 욕구나 목적을 가지고 있어야 한다고 가정한다. 마찬가지로 정의의 두 원칙에 대한 논증은 원초적 입장에 있는 모든 합의 당사자가 특정한 목적을 가져야 한다고 가정하지 않으며, 다만 그들이 기본적 가치를 욕구한다는 점만을 가정한다. 기본적 가치는 사람이 무엇을 원하든 그것을 원하는 것이 합리적이라는 의미를 함축한다. 정의의 원칙과 정언명법은 우리의 특수한 목적이 무엇이든 그것과 관계없이 우리에게 적용되는 원칙이다. 이런 점에서 정의의 원칙에 따라 행위 하는 것은 정언명법에 따라 행위하는 것과 동일한 의미가 있다.

원초적 입장에서 가정하고 있는 상호 무관심성이라는 동기는 칸트의 자율성 개념과 병행할 뿐만 아니라 가치관을 선택할 수 있는 자유가 제한되는 이유를 설명해준다. 가치관에 대한 선행적 제한 조건이 전혀 없는 교설로부터 도출된 정의의 원칙은 가치관을 선택할 수 있는 자유를 제한할 수 있다. 당사자 사이의 상호 무관심성은 바로 이러한 이념을 수행한다.

그리고 원초적 입장은 본체적 자아가 세계를 바라보는

관점과 흡사하다. 본체적 자아로 여겨지는 모든 당사자는 그들이 원하는 원칙을 선택할 수 있는 완전한 자유를 가진다. 동시에 그들은 이러한 자유를 지닌 예지계의 합리적이고 평등한 성원으로서 각자의 본성을 생활 속에 표현하고 싶어 하는 욕구도 지닌다. 그래서 당사자는 자신이 일상 속에서 의식적으로 따르거나 실천에 옮겼을 때 이러한 선택의 자유가 가장 잘 반영되어 있으면서도 천부적이거나 사회적인 우연성으로부터 자신의 독립성을 충분히 확보해 줄 수 있는 원칙을 선택하려고 한다.

정의롭게 행위하고자 하는 욕구는 자기가 바라는 원칙을 선택할 자유를 지닌 사람이 스스로 자유롭고 평등한 합리적 존재로 표현하려는 욕구에서 생긴다. 이런 이유로 칸트는 사람이 도덕 법칙에 따라 행위하지 않으면 죄책감이 아닌 수치심이 생긴다고 말하였다. 칸트의 관점에서 볼 때 정의롭지 못한 행위는 우리의 본성이 자유롭고 평등한 합리적 존재라는 사실을 전혀 표현해 줄 수 없는 행위이다. 그래서 정의롭지 못한 행위는 우리의 자존감과 자기 가치감에 큰 타격을 주게 되며, 그 타격은 우리에게 상실을 가져다주고, 이러한 상실의 체험으로부터 수치심이 형성된다. 칸트의 도덕 이론은 법이나 죄의식에 관한 이론이 아니다. 그의 이론의 주된 의도는 우리가 자신에게 부과한 법칙에 따라 행위하는 것이 자유라고 설파한 루소의 생각을 심화하고 정당화하는 데 있다. 이 때문에 칸트의 윤리학은 엄정한 명령을 내리는 도덕이 아니라 상호 존중과 자부심self-esteem을 갖게 하는 윤리에 도달하게 된다.

이상에서 언급한 내용에 비춰볼 때 원초적 입장은 칸트의 자율성과 정언명법을 경험적 관점에서 절차적으로 해석한 것이라고 할 수 있다. 목적의 왕국을 규제하는 원칙은 원초적 입장에서 채택될 경험적 원칙이며, 이러한 상황에 대한 서술은 우리가 이 원칙에 따라 행위 한다면 자유롭고 평등한 합리적 인격으로 여겨지는 우리의 본성이 거기에 나타나게 되리라는 주장 속에 함축된 의미를 설명해준다.

제5장 분배의 몫

5장에서는 정의의 제2원칙이 다루어지며, 현대 국가의

배경 안에서 제2원칙의 요구 사항을 충족해 줄 수 있는 제도가 서술된다. 이런 의미에서 정의의 원칙 속에는 어떤 사회 제도에 대한 이상이 함축되어 있다. 우선으로 정의의 원칙이 일부분이나마 경제 학설의 역할을 할 수 있다는 사실에 대한 논의가 진행된다. 아울러서 공리주의적 전통이 경제 학설의 역할을 어떤 방식으로 수행해 왔는지도 설명된다. 그리고 경제 체제와 시장, 분배적 정의를 위한 배경적 제도, 세대 간의 정의, 시간에 대한 선호, 우선성에 관한 그밖의 사례, 정의에 대한 신조, 정의의 원칙과는 다른 여타의 분배 기준에 대해서도 언급된다.

41) 정치 경제학에서 정의의 개념

공정으로서의 정의는 사회의 기본적 구조에 적용된다. 실제로 사회의 기본적 구조는 사회나 경제에 관련된 입법이 누적되어 나타난 결과에 의해 구체적으로 규정된다. 나아가서 사회 체계가 무엇이냐에 따라 그 체계 내의 시민이 갖게 될 욕구와 열망의 형태가 만들어진다. 사회 체계는 전부는 아니더라도 부분적으로나마 시민의 현실적 인간상과 그들이 성취하기를 바라는 인간상도 결정한다. 그래서 경제 체계는 기존의 욕망과 욕구를 만족하게 할 뿐만 아니라 미래의 욕구마저도 창조하고 형성하는 제도적 장치이자 방책으로 여겨진다.

경제 체제의 선택은 경제적·도덕적·정치적 근거 위에서 이루어진다. 그 때문에 효율성efficiency만을 고려하여 내린 결정은 비교적 미약한 근거에 바탕을 둔 결정에 불과하다. 효율성에 대한 정의의 우선성과 사회적·경제적 이득에 대한 자유의 우선성을 주장하는 계약론은 그 우선성에 근거하여 선에 대한 입장을 제한한다. 우선성이라는 말에는 정의롭지 않은 것에 대한 욕구나, 혹은 정의로운 체제를 위반하고서야 비로소 채워질 수 있는 욕구는 아무런 가치도 없다는 뜻이 들어 있다. 그러므로 사회 체계는 아무런 가치도 없는 욕망을 배제해야 하며, 나아가서 안정성stability의 문제도 고려해야 한다.

정의로운 체계를 위한 정당한 근거는 오직 그 체계 내에서 자체적으로 산출되어야 한다. 이 말은 정의로운 체계의 구성원이 그 체계에 상응하는 그들의 정의감을 촉발할 수 있는 방향으로 체계를 편성할 책임이 있다는 의미를 함축한다. 여기서 정의감은 정의를 위해 어떤 체계가 견지하고 있는 규칙(정의의 원칙)에 따라 행위하려고 하는 효과적인 욕구로 정의된다. 이런 점에서 정의의 원칙은 사회·경제 체제에서 마땅히 존중되어야 할 이상적 인간상의 일부를 규정해 줄 뿐만 아니라 제도의 평가와 사회 변동의 전체적 방향을 지도해 주는 기준이 된다. 제도는 정의로워야 하며 그것에 참여하는 사람이 정의의 덕을 발양할 수 있어야 한다.

42) 경제 체계에 대한 몇 가지 언급

정치 경제학은 공공 부문과 경제 활동을 규제하는 배경적 제도에 속하는 과세와 더불어 재산권과 시장의 구조 등을 주요한 관심사로 다룬다. 경제 체계는 재화를 생산하는 수단의 문제, 생산된 재화를 기여도에 따라 분배하는 문제, 사회적 자원이 저축이나 공공재public goods(공공선)에 투여된 비율의 문제 등을 그것의 규제 대상으로 삼는다.

사유재산경제와 사회주의 간의 차이점은 공공 부문의 두 측면인 생산수단의 소유 측면과 사회적 자원이 공공재에 투여된 비율 측면을 살펴볼 때 더 명확하게 드러난다. 먼저 생산수단의 소유 측면에서 살펴보자면 국가가 소유한 기업이 생산한 것과 국가 공무원이나 노동자 협회가 관리하는 산출 총량의 비율을 측정해 볼 경우 공공 부문의 규모는 사유재산경제보다 사회주의가 훨씬 크다. 사유재산경제에서는 공유된 기업의 수가 사회주의보다 적으며, 어떤 경우에는 공공시설과 교통수단을 공유화하는 선에 머무르기도 한다. 전체 사회 자원이 공공재에 투여된 비율 측면에서 살펴보자면 사유재산경제는 국가 수입의 많은 양을 공공재의 생산에 투입할 수 있으나, 사회주의적 사회는 적은 양이나 혹은 그 반대로 많은 양을 투입할 수도 있다. 공공재의 종류에는 군사 시설이나 보건 사업 등 여러 가지가 있다. 정부는 여러 가지 종류의 공공재를 민간 부문과 공공 소유의 기업에서 구매한다.

그러나 공공재의 특징은 불가분성과 공공성에서 찾아진다. 공중으로 여겨지는 많은 개인이 공공재를 향유하기를 원하여 그것을 향유하게 될 경우 그들 각자는 반드시 같은 양의 공공재를 향유해야만 한다. 그렇다고 해서 산출된 공공재가 마치 사적인 선을 분할하듯 양으로 나누어질 수는 없으며, 개인의 선호나 취향에 따라 많게나 적게 구매할 수 있는 성질의 것도 아니다. 공공재가 전체 사회와 완전히 불가분의 관계에 있기를 요구하는 것은 극단적이라고 할 수 있다. 그것의 대표적 사례는 다른 나라의 부당한 외침에 대항하여 국가를 방위하는 일이다. 이것은 비록 극단적인 경우이긴 하나 공공재임에는 분명하다. 공공재의 특징으로 여겨지는 불가분성과 공공성이 가져온 결과는 공공재의 공급이 시장이 아니라 정치 과정을 통해 이루어져야 한다는 사실을 보여준다. 그런데 공공재의 특징인 불가분성과 공공성에는 무임승차자free rider의 문제와 외부효과externality의 문제가 제기된다.

무임승차자의 문제는 공중의 규모가 너무 커서 그 공중을 구성하는 수많은 개인이 자신들이 맡은 바의 본분을 수행하지 않고 회피할 때 발생한다. 그래서 자신의 본분은 조금도 수행하지 않고서 남이 수행하여 산출한 결과로부터 오는 이득에 참여하려고 하는 무임승차적 태도는 공공재의 배정 문제나 그것의 실행을 위한 자금 조달 문제, 그리고 납부를 독려하는 규제 원칙의 시행 문제 등을 국가가 직접 맡아서 해야 한다는 결론에 이르게 한다.

외부효과externality의 문제는 공공적이고 불가분의 특징을 지닌 어떤 선의 산출을 결정하거나 배정하는 사람이 전혀 고려하지 않았던 다른 사람에게도 손실이나 이득이 돌아가게 되는 경우에 발생한다. 외부효과를 고려하여 모든 손익을 계산하여 나온 액수와 외부효과를 고려하지 않고 계산된 공공 비용의 총액 간에는 분명한 차이가 있다. 예컨대 공해 발생 산업의 경우에는 손실 측면의 외부효과가 발생할 확률이 아주 높다. 그럼에도 시장은 공공 비용에 외부효과와 관련하여 이루어진 손익 계산의 결과를 가능한 한 포함하지 않으려고 하기에, 그 산업에서 산출된 재화는 그것에 들어가야만 하는 한계비용이나 사회비용보다 훨씬 낮은 가격에 매매가 이루어진다. 이것은 사적인 회계와 공적인 회계가 서로 다르기 때문에 발생한 결과이며, 시장은 이러한 결과에 아무런 관심도 표명하지 않는다. 그래서 이러한 결과를 제도적으로 바로잡을 임무가 법과 정부에 있게 된다.

그런데 외부효과와 무임승차자의 문제를 해결하고 공공재를 산출해내려면 그것의 산출 과정에 의사 결정과 관련된 고립의 문제, 자발적 기여와 관계가 있는 확신의 문제를 포함해야 한다. 고립isolation의 문제는 개인이 고립 속에서 내린 어떤 결정의 결과가 다른 행동 과정보다 모든 사람에게 좋지 않은 결과를 가져올 때마다 발생한다. 이것은 죄수의 딜레마prisoner's dilemma[8]라는 상황을 연출한다. 그래서 고립의 문제에서는 이러한 상황을 식별해내어 최선의 구속력을 갖는 전체적인 약속을 확인하려 한다. 확신assurance의 문제는 상호 협동적인 당사자가 공통으로 합의한 사항이 성실하게 수행되고 있다는 사실을 서로에게 확신시키려는 의도에서 나온 문제이다. 각 사람이 자발적으로 합의 사항을 수행하는 정도는 다른 사람이 합의 사항을 얼마나 준수하

---

8 죄수의 딜레마는 게임이론 중 비제로섬 게임(non zero-sum game)의 일종에 속한다. 예컨대 2명의 죄수가 같은 사건으로 각각 격리되어 심문을 받는다고 할 때 그들은 각자의 이익을 최대화하려는 성향을 보이는 것으로 가정된다. 이로부터 그들은 자신들이 지은 죄에 대해 침묵으로 협동하여 더 짧은 형량을 받는 쪽을 택하기보다는 그 죄를 자백하여 자신들 각자의 이익을 최대화하려고 서로를 배신하는 길을 택하게 된다. 그 결과 두 사람은 더욱 무거운 동일한 형량을 받게 된다.

고 있느냐에 따라 다르게 나타난다. 이로부터 어떤 체제가 합의 사항을 이행하고자 할 경우 다른 체제보다 우월하다는 사실을 공공적으로 확신하게 하려는 방법으로 상벌 제도의 확립이 필요하게 된다.

경제 체제론에서 다루어야 할 중요한 문제 가운데 또 하나는 수요와 공급에 따라 가격이 결정되는 시장 체계에 경제 체제가 어느 정도까지 의존하고 있는가를 따져보는 일이다. 일반적으로 어떤 체제가 되었든 생산된 소비품은 시장을 통해 공급된다. 그 외 특수한 경우에만 배급이나 여타 다른 방법이 사용된다. 자유 시장 체계에서 어떤 종류의 재화를 얼마만큼 산출할 것인가를 결정하는 기준은 각 가계가 시장에서 구매한 소비품에 대한 선호에 따라 설정된다. 반면에 사회주의 체제는 대체로 계획자의 선호나 전체의 결정에 따라 소비품의 생산 방향이 결정된다.

일반균형이론에 따르면 시장의 경쟁 가격은 적어도 어떤 조건에서 기업이 선택한 생산방식이나 가계의 구매로 발생한 재화의 분배 등이 더는 개선될 여지가 없는 최선의 방식으로 재화를 선정해주거나, 그 재화를 생산하는 데 필요한 자원을 할당해주는 역할을 한다. 그럼에도 시장의 형성을 위해 요구되는 어떤 적절한 조건이 현실 세계에서 충족되는 일은 거의 없다고 해도 과언이 아니다. 시장의 실패와 불완전성은 이것을 잘 보여준다. 이러한 심각한 상태는 할당처에 의한 보상적 조정으로 해소되어야 한다. 그러려면 독점적 계약이나 정보 결여의 문제, 외부경제와 불경제[9]의 문제 등을 인정하고 이것들을 수정해야만 한다. 그러나 설사 이러한 것들이 수정되어도 공공재의 실현에 관한 한 시장은 완전한 실패를 가져올 뿐이다.

자유 시장의 이용과 생산수단의 사적 소유 간에는 본질적으로 아무런 관계가 없다. 여러 부르주아 경제학자가 말한 바로는 시장경제야말로 최선의 체제이다. 그러나 이러한 관념은 역사적 우연 속에서 형성된 관념에 불과하다. 사회주의 체제 역시 시장 체제의 이점을 얼마든지 이용할 수

---

9 어떤 경제 단위가 외부의 경제 단위에 의도치 않은 편익을 발생시켜 놓고도 이에 대한 보상을 받지 않는 긍정적 외부효과를 외부경제라고 한다. 반면에 어떤 경제 단위가 외부의 경제 단위에 의도치 않은 손실을 발생시켜 놓고도 이에 대한 비용을 지급하지 않는 부정적 외부효과를 외부불경제라고 한다.

있기 때문이다. 이러한 이점 가운데 하나는 효율성이다. 시장 체계는 효율성 외에도 몇 가지 중요한 이점을 갖고 있다. 첫째, 필요한 배경적 제도가 확립되어 있다면 시장 체계는 평등한 자유와 기회균등에도 부합하게 된다는 이점이 있다. 그래서 시민은 직업이나 직장을 자유롭게 선택할 수 있게 된다. 중앙에서 노동을 강제적으로 통제할 이유가 전혀 없기 때문이다. 둘째, 시장 체계는 경제력을 행사하는 힘을 분산시킨다는 이점이 있다. 사유이든 국유이든, 사업가가 운영하든, 노동자가 선출한 관리자가 운영하든 당해 기업의 내적 성격과는 무관하게 기업은 투자 대비 산출 가격을 비교하여 자신의 계획을 세운다. 시장에서 진정한 경쟁이 이루어진다면 기업 간에 가격 전쟁을 벌이거나 판세를 역전하기 위해 다른 경쟁에 뛰어들 필요가 없게 된다.

정부가 경제 풍토를 규제하려면 전체적인 투자량, 이윤율, 그리고 통화량 등 정부의 통제가 가능한 요소를 조정해야 한다. 그러나 이러한 조정은 민주적으로 도달된 정치적 결정에 부합되어야 한다. 정부가 직접 전체적인 계획을 짤 필요는 없다. 각 가계와 기업이 경제의 일반적인 조건에 맞추어 독립적이고 자유로운 자신들만의 결정을 내리면 되기 때문이다. 그리고 시장 제도가 사유재산 체제이든 사회주의 체제이든 양자에 공통으로 적용될 수 있다는 점을 인정하고 가격이 가진 기능을 구분해 보아야 한다. 가격의 기능은 크게 할당적 기능과 분배적 기능으로 나누어진다.

가격의 할당적 기능은 경제적 효율성을 달성하는 데 이용되는 기능이다. 사회주의 체제가 투자 계획을 세우고 자원의 할당을 위한 이윤율을 설정한다거나, 토지나 임야 등 자연 자산과 자본을 사용하고자 하는 사람이 있을 경우 그에게 받을 임대료를 산정하는 일이 문제 될 것은 없다. 이런 식으로 계산된 가격은 경제 행위가 효율적으로 수행될 수 있는 일정을 설계하는 데 지표로 이용된다. 사회주의에서 말하는 가격이란 사적인 개인에게 지급되는 소득이 아니다. 사회주의에서 소득이란 자연적인 공동 자산에 의해 산출된 것으로 국가에 귀속되는 이득이기 때문에 그러한 가격에는 분배적 기능이 없다.

가격의 분배적 기능은 개인이 기여의 대가로 받게 될 소득을 가격이 결정할 때 이용하는 기능이다. 사회주의에서는 생산수단과 천연자원 등이 공유되어 있으므로 분배적 기능이 상당히 제한되어 있다고 할 수 있으나, 사유재산 체계에서는 자원의 할당 기능과 소득의 분배 기능을 위해 가격이 이용되고 있다.

'정의가 요구하는 사항에 가장 충실하게 부응하는 체계는 어떤 체계인가'라는 물음에 일반적인 해답을 제시하기는 어렵다. 그러한 체계는 대체로 각 나라의 전통, 제도, 사회 세력, 특수한 역사적 여건 등에 의해 달라질 수 있기 때문이다. 그래서 롤즈는 여러 가지 편차가 있을지라도 그것을 받아들일 수 있는 정의로운 경제 체계의 윤곽을 체계적으로 그리려고 한다.

43) 분배적 정의의 배경적 제도

분배적 정의distributive justice에 관한 논의에서 핵심이 되는 문제는 사회 체계를 선택하는 문제이다. 그리고 어떤 사회 체계에 의해 정의로운 분배가 실행되려면 우선 적절한 정치적 제도와 법적 제도 아래에서 그 사회 체계의 사회적 과정이나 경제적 과정이 설정되어야 한다. 이러한 배경적 제도에 근거하지 않고서 이루어진 분배는 결코 정의롭지 못하다. 그러한 분배에는 배경적 제도가 지닌 공정성이 적용될 수 없기 때문이다.

자본과 천연자원의 사유를 허용하는 민주주의 국가에서 배경적 제도를 확립하는 데 필요한 정부의 부처로는 할당처allocation branch, 안정처stabilization branch, 양도처transfer branch, 분배처distributive branch 등 네 부처가 있다. 이들 부처는 일정한 사회적 조건과 경제적 조건을 유지하기 위해 산하에 여러 기관을 두고 있다. 이외에도 공공재와 관련하여 정부에는 제5부처인 교환처exchange branch가 있다.

할당처는 가격 체계가 제대로 된 경쟁 체계를 유지할 수 있도록 시장세가 불합리하게 형성되는 것을 막는다. 또한 가격이 사회적 이득과 경비를 정확히 측정하지 못한 데서 오는 비효율성을 확인하고 수정할 책임이 있으며, 이러한 비효율성을 수정하기 위해 적절히 세금이나 보조금을 이용하거나 재산권의 범위와 규정을 변경하는 방법을 사용한다.

안정처는 합당하면서도 충분한 정도의 고용 상태가 이루

어질 수 있도록 노력한다. 일하기 원하는 사람에게는 마땅한 일자리가 돌아갈 수 있게 하며, 강력하고도 효율적인 요구에 근거하여 직업을 자유롭게 선택하는 문제나 재정을 융통하는 문제 등을 다룬다. 할당처와 안정처는 시장 경제에서 요구되는 효율성을 이런 방식으로 유지한다.

양도처는 사회적 최소치에 대한 문제를 책임진다. 이 부처는 어느 정도의 수준까지 복리를 보장해 주려 하며, 필요에 따른 요구도 존중한다. 시장이 필요에 따른 요구를 들어주지 않긴 하나, 양도에 의해 적절한 사회적 최소치가 제공될 경우 그 최소치를 제외한 나머지 전체 소득이 시장의 가격 체제에 의해 결정되는 것은 완전히 공정하다고 할 수 있다. 사회적 최소치를 보장해주는 방식으로 필요에 따른 요구를 처리하는 것이 최저 임금 기준을 설정하여 소득을 규제하는 것보다 훨씬 효율적이다.

분배처는 과세를 하거나 재산권에 대한 필요한 조정을 통해 분배의 몫에 대한 근사적 정의를 유지하기 위해 상속세·증여세의 부과와 유산권의 제한, 그리고 정의의 요구에 따라 세입을 증대할 수 있는 조세 체제의 사용이라는 두 가지 종류의 방책을 사용한다. 상속세와 증여세를 받거나 유산권을 제한하는 목적은 정부의 세입을 증대하려는 것이 아니라 점진적이고 계속적으로 부의 편중 현상을 바로 잡아 올바른 부의 분배를 실현하고, 나아가서 정치적 자유의 공정한 가치와 공정한 기회균등에 해를 끼치는 힘이 집중되는 현상을 막으려는 데 있다. 정의의 요구에 따라 세입을 증대할 수 있는 조세 체제를 사용한다는 것은 공공재를 위해서라면 사회적 자원도 제공될 수 있어야 하며, 차등의 원칙을 만족시키는 데 들어가는 양도액의 지급을 위해서도 사회적 자원이 정부에 기탁되어야 한다는 의미를 함축한다.

마지막으로 교환처는 충분히 많은 수의 시민이 시장을 통해 이용할 수 있는 이익보다 공공재를 통해 이용할 수 있는 한계 이익이 더 크다고 생각될 경우 그들에게 공공재를 공급하기 위해 존재한다. 즉 교환처는 여러 가지 사회적 이해관계와 공공재에 대한 시민의 선호를 배려하기 위해 설립한 특수 대표 기관이다. 이 부처 또한 효율성의 원칙에 따라 작동하나, 시장 체제가 제 기능을 발휘하지 못하게 되는 사태가 초래될 때를 대비하여 공공재와 공공봉사를 조정해 줄 수 있는 특수한 거래 기관이 있어야 한다.

할당처·안정처·양도처·분배처 등에서 하는 정부 활동은 정의의 원칙에 따라 정의로운 제도를 유지하기 위해 반드시 필요한 활동이며, 교환처의 정부 활동은 공공 지출과 이익의 원칙에서 발생하는 활동이다. 이상의 정부 각 부처의 목표는 토지와 자본이 평등하게 분배되어 있지는 않더라도 적어도 재산이 널리 소유되고 있는 민주 체제, 요컨대 재산 소유적 민주주의property-owning democracy를 확립하는 데 있다. 이론상 재산 소유적 민주주의처럼 자유주의적 사회주의 체제 역시 정의의 두 원칙에 부합하는 체제이다. 자유주의적 사회주의 체제는 생산수단을 공유하는 체제이며, 그 체제 내의 기업 형태로는 노동자 협회나 혹은 그러한 협회가 지명한 대리인이 경영하는 기업 형태 등이 있다.

44) 세대 사이의 정의의 문제

세대 사이의 정의의 문제는 사회적 최소치가 어느 수준에서 설정되어야 하느냐의 문제로 나타나며, 이것은 결국 어떤 한 세대가 그들의 뒤를 잇는 세대의 요구를 얼마만큼 존중하고 고려해야 하는가의 문제로 귀착한다.

사회적 최소치는 어느 정도 수준에서 설정되어야 할까? 차등의 원칙이 수용된다면 사회적 최소치는 혜택을 덜 받는 사람의 전망과 그가 받는 임금과 양도액(저소득층에 관한 보상 지원이나 근로 장려 세제 등 보상적 소득 지급액의 크기)을 합산하여 측정한 기본적 가치의 지수를 증감하는 방법을 사용하여 설정된다. 그런데 사회적 최소치를 설정하는 데 차등의 원칙을 적용하는 이유는 그것이 현재와 미래 세대의 최소 수혜자로 여겨지는 사람의 장기적인 전망을 확보해줄 수 있기 때문이다. 이를 위해 각 세대는 자신의 문화와 문명이 가진 장점을 잘 보존해야 하며, 기존의 정의로운 제도를 유지 발전시켜야 하고, 또한 각 세대가 주역으로 활동하는 시기 동안에 반드시 적절한 양의 실질자본을 축적해 놓아야만 한다. 이러한 저축은 기계와 다른 생산수단에 대한 순수 투자, 학문과 교육에 대한 투자 등 여러 가지 형태를 지닐 수 있다. 각 세대가 책임져야 할 투자량은 정의로운 저축의 원칙에 근거하여 결정된다. 이로써 사회적 최소치의 수준을 설정하는 문제가 완료된다. 이런 의미에서 차등의 원칙이 각 세대 간에 적용되는 범위는 저축의 원칙에 의해 제한을 받는다.

저축의 원칙은 세대별 발전 수준에 맞추어 적합한 비율로 저축을 할당하는 규칙, 즉 저축의 비율을 결정하는 규칙이다. 정의로운 저축 계획은 각 세대의 모든 당사자가 그들의 후속 세대를 위해 저축하려는 양과 그들의 선행 세대에게 요구할 수 있는 저축량을 비교하여 작성된다.

계약론적으로 저축의 원칙에 접근하는 방식에는 두 가지 특징이 있다. 하나는 저축의 원칙을 각 세대에서 분출된 요구를 공정하게 조정해주는 이상적인 민주적 결정으로 여길 수 있다는 점이다. 일단 저축이 시작되어 계속되면 그것은 모든 후속 세대에게 좋은 결과를 가져다준다. 각각의 세대는 정의로운 저축 원칙이 규정한 바에 따라 공정한 동등치로 여겨질 실질자본을 그들의 후속 세대에게 넘겨줄 수 있기 때문이다. 여기에서 말하는 실질자본에는 공장, 기계, 정의로운 제도와 자유의 공정한 가치를 가능하게 하는 기술과 기능, 그리고 지식과 교양 등이 모두 포함된다. 다른 하나는 저축의 원칙에 따라 진행하는 저축의 전체적인 과정에 의해 정의로운 사회가 규정될 수 있다는 점이다. 정의로운 저축의 원칙은 각 세대가 정의로운 사회를 실현하고 유지하려면 받아들일 수밖에 없는, 그리고 각자에게 부담으로 주어진 공정한 몫을 이행하기 위해 세대 사이에 이루어진 합의이기 때문이다. 단순히 뒤에 오는 세대를 부유하게 하려고 앞선 세대가 저축하는 것은 아니다. 정의는 정의로운 제도를 충분히 실현하기 위한, 그리고 평등한 자유를 가져오기 위한 조건으로서 저축을 요구한다.

정의로운 저축의 원칙에는 세 가지 주요한 특징이 있다. 첫째, 서로 다른 세대에 속해 있는 사람이 각자의 동시대인에게 하듯 서로에 의무와 책무를 가진다. 둘째, 현재의 세대라고 해서 자신들 마음대로 행동해서는 안 되며, 자신들과 다른 시대에 속하는 사람 사이의 정의를 견지하기 위해 원초적 입장에서 선택될 원칙에 의해 제약을 받는다. 셋째, 인간이라면 누구나 정의로운 제도를 유지하고 발전시켜야 하는 자연적 의무를 지니며, 이를 위해 어느 정도까지 문명의 수준을 향상해야 한다.

45) 시간에 대한 선호

저축의 원칙을 시간에 대한 선호의 문제와 관련하여 볼 때 원초적 입장의 당사자는 순수한 시간 선호pure time preference에 근거하여 저축의 원칙을 선택하지 않는다. 순수한 시간 선호란 시간의 순서에 따라 뒤에 있는 것보다 앞에 있는 것을 선호하는 것을 말한다. 그러나 시간상의 위치가 다르다거나, 혹은 어떤 것은 앞에 오고 다른 것은 뒤에 온다는 이유로 그것들에 대한 관심의 비중이 달라지는 것은 결코 합리적이지 않다. 물론 현재나 가까운 미래가 가진 더 큰 확실성이나 높은 확률의 선 때문에 현재와 가까운 미래를 더 중요한 것으로 선호할 수도 있다. 반면에 그 어떤 것이 미래에 가져올 많은 선보다 훨씬 적은 양의 선을 가져오는 것이라면 아무리 현재일지라도 그것을 선택해서는 안 된다. 그러므로 원초적 입장의 당사자는 자신에게 가까이 있는 시기에 더 크거나 더 작은 비중을 두게 하는 원칙에 동의하지 않는다. 그래야만 당사자가 모든 관점을 고려한 일관된 합의에 도달할 수 있기 때문이다. 그렇지 않고서 당사자가 시간 선호의 원칙을 받아들이게 될 경우 서로 다른 시간에 있는 사람은 그저 시간상으로 앞서 있다는 시간적 우연성을 내세워 상호 간의 요구를 다른 비중으로 평가하게 된다.

어떤 개인이 순수한 시간 선호를 받아들이게 된다면 그는 비합리적인 사람이다. 그 이유는 삶의 모든 순간이 똑같이 중요한 부분이라는 사실을 알지 못하기 때문이다. 그리고 어떤 사회가 순수한 시간 선호를 따른다면 그 사회는 정의롭지 못한 사회라고 단언해도 좋다. 그것은 그 사회에 사는 사람이 오직 자신만의 이익을 위해 시간적 우연성에 근거해 자신의 시간적 위치를 이용하는 것에 불과하기 때문이다. 이것은 시간 선호의 원칙이 어떤 시기에 우연히 살게 된 바로 그 세대의 소망이 반영된 것만을 사회 정책으로 결정하도록 요구하는 원칙이라는 사실을 보여준다. 이런 의미에서 그 원칙은 민주적 원칙에 어긋날 수도 있는 원칙이므로 사회적 선택의 근거가 되기에는 마땅치 않다. 모든 사회적 결정이 그렇듯이 미래를 준비하려는 집단 의지 또한 정의의 원칙에 근거해야만 한다.

46) 우선성에 관한 그 외의 사례

정의의 우선성에는 여러 가지 사례가 있는데 그중에서도 정의로운 저축의 문제와 관련하여 계약론의 특징 한 가지를 다음과 같이 말해 볼 수 있다. 즉 어떤 한 세대가 그들 다음에 오는 세대의 복지를 위해 필요하리라고 예상하는 수준에서 저축량의 상한선을 정할 수도 있다는 점이다. 그런데 이득의 총합이 매우 크면서도 장기적으로 향상을 보이는 경우에는 각 세대가 상한선으로 정한 저축량을 넘어서는 고율의 저축을 해야 한다는 반론도 있을 수 있다. 더 나아가 어떤 사람은 부와 권력의 불평등으로부터 발생한 경제적·사회적 이득이 아주 클 경우에는 비록 그 불평등이 정의의 제2원칙에 어긋날지라도 정당화될 수 있다는 주장을 펴기도 한다. 우리 뒤에 올 세대의 복지를 위해 이러한 불평등과 고율의 저축률을 받아들일 것으로 보이는 견해로는 케인스John M. Keynes(1883~1946), 버크Edmund Burke(1729~1797), 그리고 헤겔Georg W. F. Hegel(1770~1831)의 입장을 들 수 있다.

케인스는 제1차 세계대전 이전에 성립한 거대 자본의 축적은 평등한 부의 분배가 실현되는 사회에서는 결단코 일어날 수 없는 일로 본다. 그에 의하면 새로 부자가 된 사람은 당장 소비를 통해 만족을 얻기보다는 투자를 하여 얻게 되는 재력을 선택하였다. 이것은 부의 분배상의 불평등 격차가 커지는 방향으로 진행되었다. 그럼에도 이로부터 자본이 급속하게 형성되었고, 모든 사람의 생활 수준이 일반적으로 조금씩 꾸준히 향상되는 결과를 가져왔다. 이러한 부의 분배상 불평등이야말로 자본주의 체제를 정당화해주는 주요한 근거가 된다. 케인스가 말한 이러한 전제의 정당성 여부는 그것이 노동자 계층의 상황을 실제로 얼마나 개선했느냐에 따라 판명이 난다. 이에 대해 케인스는 자본주의 체제가 아닌 다른 체제였다면 노동자 계층의 처지는 비교할 수 없을 정도로 악화되었을 것이라는 말로 응수한다. 그러나 케인스가 염두에 두고 있던 부의 분배상의 불평등은 분명히 공정한 기회균등의 원칙에 어긋난다.

버크에 따르면 통치 계층에 속하는 여러 가문은 그들의 정치적 규칙 속에 담겨 있는 지혜를 통해 대대로 일반 복지에 기여해 왔다. 헤겔은 장자상속 같은 제도를 통해 기회균등이 제한될 경우 계급과 이권의 추구에서 오는 갈등과 여타 시민 사회의 우연성으로부터 지주 계층이 독립하여 그들이 통치에 적합한 계층의 지위를 보장받게 된다고 생각하였다. 이로부터 특권 계급에 속하는 가문이나 장자상속제도 등의 수혜자는 사회 전체의 이익을 위해 보편적 관심을 갖게 된다. 버크와 헤겔의 입장은 결국 기회균등의 제한이야말로 최소 수혜자를 포함한 사회 전체에 이득을 가져오게 된다는 주장에 해당한다.

버크와 헤겔이 옹호하고 있는 기회의 불균등이나 케인스가 주장하고 있는 부의 불평등이 정당화되려면 이러한 불평등이 제거될 경우 한 사회에 속한 최소 수혜자 계층의 기회가 훨씬 더 제한되거나 줄어들게 된다는 사실을 입증해야만 한다. 그래야만 그러한 불평등이 올바른 형태를 유지하게 된다.

롤즈는 이제까지의 논의로부터 '제도를 위한 정의의 두 원칙에 대한 최종적 진술'을 다음과 같이 제시한다.[10]

---

10 앞의 책, 266-267쪽.

제1원칙

각자는 모두를 위한 유사한 자유 체계와 양립할 수 있는 평등한 기본적 자유의 가장 광범위한 전체 체계에 대한 평등한 권리를 가져야 한다(평등한 자유의 원칙).

제2원칙

사회적 · 경제적 불평등은

(a) 정의로운 저축 원칙과 양립하면서 최소 수혜자에게 최대 이득이 되고(차등의 원칙),

(b) 공정한 기회균등의 조건 아래에서 모두에게 개방된 직책과 직위에 귀속될 수 있도록 배정되어야 한다(공정한 기회 균등의 원칙).

제1우선성 규칙(자유의 우선성)

정의의 원칙은 축차적인 순서로 등급이 매겨져야 하며, 그 결과 기본적 자유는 자유를 위해서만 제한될 수 있다. 거기에는 두 가지 경우가 있다.

(a) 덜 광범위한 자유는 모두가 공유한 자유의 전체 체계를

강화해야만 하고,

(b) 평등한 자유라고 말하기 어려운 자유는 더 적은 자유를 지닌 사람에게 받아들여질 수 있어야만 한다.

제2우선성 규칙(효율성과 복지에 대한 정의의 우선성)

정의의 제2원칙은 축차적으로 효율성의 원칙이나 이득 총량의 극대화 원칙에 우선하며, 공정한 기회는 차등의 원칙에 우선한다. 거기에는 두 가지 경우가 있다.

(a) 기회의 불균등은 더 적은 기회를 지닌 사람의 기회를 증대해야만 하고,

(b) 과도한 저축률은 이러한 고초를 받은 사람의 부담을 덜어주어야만 한다.

47) 정의의 신조

정의에 대한 준칙, 즉 정의에 대한 상식적 신조precepts 간의 조정은 불가능하다. 예컨대 임금 문제를 다룰 경우 상반된 지침으로 여겨지는 '각자에게 그의 노력에 따라'나, '각자에게 그의 기여에 따라' 등의 신조가 각축을 벌일 수 있

는데 이들 신조 사이의 조정 불가능성 때문에 정의롭고, 공정하면서도 결정적인 임금 이론이 제대로 산출되지 않는다.

정의에 대한 가장 대표적인 상식적 신조로는 '각자에게 그의 기여에 따라', '각자에게 그의 노력이나 혹은 그가 부담해야 할 위험에 따라', 그리고 '각자로부터 그의 필요에 따라' 등 세 가지를 들 수 있다.

'각자에게 그의 기여에 따라'라는 신조에 따를 경우 한 기업이 갖는 노동자 수요는 노동의 한계 생산성, 즉 생산된 재화의 판매 가격 형성에 기여한 노동의 순수 가치에 의해 결정된다. 이런 경우 경험이나 훈련, 자연적 능력이나 특수한 실제적 지식 등에는 특별 수당을 주게 된다. 기업은 생산성이 큰 사람에게 더 많은 임금을 지급하려는 경향이 있기 때문이다. 이 신조의 특수 형식으로는 '각자에게 그가 받은 훈련과 교육에 따라'라는 신조가 있다. 이 신조는 공급의 측면에서 볼 때 나중에 용역을 제공할 사람이 그 자신을 훈련하거나 그 때문에 지연된 시간에 대한 비용을 스스로 치렀을 경우 그에게 특별 수당이 지급되어야 한다는 의미가 함축되어 있다.

'각자에게 그의 노력이나 혹은 그가 부담해야 할 위험에 따라'라는 신조는 고용이 불확실하거나 불안전한 직업이나 위험하면서도 지극히 힘든 상황에서 수행되어야 하는 직무에는 더 많은 급료가 지급되어야 한다는 의미를 함축한다. '각자로부터 그의 필요에 따라'라는 신조는 임금 문제와 관련해서 아무런 역할도 못 하는 신조이다.

효용의 원칙에 의해 규정되는 사회는 대체로 '각자에게 그의 기여에 따라', '각자에게 그가 받은 훈련과 교육에 따라' 그리고 '각자에게 그의 노력이나, 혹은 그가 부담해야 할 위험에 따라'라는 신조 등이 승인되는 사회이다. 기업 혹은 경제적 행위자의 의도가 유사할 경우 그들은 이러한 몇 가지 신조에 근거하여 임금을 결정한다. 공정한 기회균등이 지켜지는 사회는 훈련이나 교육으로 인해 이득을 보게 될 자격을 갖춘 개인을 아주 많이 공급하게 된다. 그럴 경우 더 유리한 위치를 점하고 있는 소득 계층과 불리한 처지에 있는 최저 소득 계층 간의 수입은 근소한 차이로 줄어들게 된다. 이런 점에서 공정한 기회균등을 준수하는 사회는 '각자에게 그의 노력이나, 혹은 그가 부담해야 할 위험에 따라'라는 신조를 중시하게 되며, 공정한 기회균등을 준수하지 않는 사회는 '각자에게 그가 받은 훈련과 교육에 따라' 혹은 '각자에게 그의 기여에 따라'라는 신조를 더 중시하게 된다.

그런데 이상의 신조 가운데 어떤 신조도 제1원칙의 지위를 점할 수는 없다. 마찬가지로 '각자로부터 그의 필요에 따라'라는 마르크스Karl Heinrich Marx(1818~1883)의 생각도 어디까지나 신조일 뿐이지 정의의 제1원칙이 될 수는 없다. 정의의 원칙이 필요로 하는 배경적 체제가 확립되지 않는 한 여러 가지 정의의 신조에 적절한 비중을 부여할 방도는 없다. 그리고 분배의 몫에 대한 정의 여부는 배경적 체제의 전반적인 작용과 정부 각 부처로부터 발생한 소득과 부의 비율에 주목하여 평가해야만 한다.

48) 합법적 기대치와 도덕적 응분

상식적 관점은 소득, 부, 그리고 우리의 삶을 위해 좋은 것은 도덕적 응분moral desert에 따라 분배되어야 한다고 주장한다. 그 관점에서 볼 때 정의는 덕에 상응하는 행복이기 때문이다. 그래서 유리한 처지에 있는 사람이 불리한 처지에 있는 사람보다 도덕적으로 우월한 품성이 없음에도 더 커다란 이득을 얻는 것은 우리의 정의감에 정면으로 배치된다. 그러나 이러한 생각은 분배적 정의와 응보적 정의 retributive justice(형법상의 정의)가 서로 대응한다고 오인한 데서 발생한 주장일 뿐이다. 공정으로서의 정의는 도덕적 응분에 따라 분배가 이루어져야 한다는 주장을 거부하고, 합법적 기대치에 따른 분배의 입장을 견지한다.

질서 정연한 사회의 개인은 현존 체제가 권장하는 일을 수행했을 경우 사회적 생산물을 할당해달라고 요구할 수 있는 권리를 가진다. 합법적 기대치는 사회적 생산물에 대한 할당 요구권의 결과로 생겨난다. 이 기대치는 다름 아닌 공정성의 원칙과 정의의 자연적 의무의 한 측면이다. 왜냐하면 우리에게는 정의로운 체제를 유지할 의무와 자신이 맡은 지위에 따른 본분을 다해야 할 책무가 있듯 그런 의무와 책무를 다하는 사람은 공정성의 원칙과 정의의 자연적 의무에 따라 행위 하는 다른 사람과 마찬가지로 대우받을 권리가 있기 때문이다. 그러므로 다른 사람 역시 자신의 의무와 책무를 다하는 사람의 합법적 기대치를 충족해주어야 할 의무가 있다.

도덕적 가치라는 개념은 분배적 정의를 위해 제1원칙을 제시하지 못한다. 인간의 가치가 도덕적으로 같다고 해서 분배의 몫마저도 같아야 할 이유는 없다. 덕목이란 그것에 상응하는 원칙에 따라 행위하고자 하는 욕구나 성향이므로 도덕적 가치의 개념은 옳음과 정의의 개념과 비교해 볼 때 이차적인 개념이 될 수밖에 없다. 그래서 원초적 입장에서는 '양심적 노력에 따른 분배'나 '각자에게 그의 덕에 따라'라는 신조 등과 같은 도덕적 혹은 본질적 가치에 근거하고 있는 실현 불가능한 도덕적 응분의 관념을 채택하지 않는다. 이와는 달리 '각자에게 그의 몫을 준다'는 신조, 즉 체제가 규정한 바에 따라 각자에게 마땅히 돌아가야 할 것을 할당해준다는 신조는 원초적 입장에서 선택한 제도와 개인에 대한 정의의 원칙에 의해 공정성이 확보된다. 이것이 바로 정의로운 체제이다.

49) 혼합된 입장과의 비교

제3장의 대안 제시에서 언급한 혼합된 입장mixed conceptions 은 정의의 제2원칙을 분배의 원칙으로 삼는 것이 아니라 효용의 기준이나 다른 기준을 분배의 원칙으로 채택하는 견해를 말한다. 대표적인 혼합된 입장으로는 두 가지가 있다. 먼저 차등의 원칙이 어떤 사회적 최소치로 한정된 평균 효용의 원칙으로 대치된 이외에 아무런 변동 사항이 없는 경우 생겨날 수 있는 혼합된 입장이 있다. 여기서는 사회적 최소치를 어떻게 선정하고, 선정된 최소치를 변화하는 상황에 맞춰 어떻게 조정할 것인가의 문제가 제기된다. 그런데 평균 효용의 원칙을 제약하는 사회적 최소치의 선정 결과는 그 원칙의 이용자가 의식하든 의식하지 못하든 사실상 차등의 원칙에 의거한 기준에 따랐을 경우와 다를 바 없는 결과로 나타난다. 더욱이 평균 효용의 원칙을 이용하는 사람은 그 자신조차도 무슨 이유로 그러한 사회적 최소치를 선택했는지에 대해 아무런 설명도 제시할 수 없으며, 그가 말할 수 있는 최선이란 다만 사회적 최소치의 수준이 그정도면 합당하리라고 생각했기 때문에 그렇게 결정했다는

궁색한 답변 외에 달리 할 말이 없게 된다.

다른 혼합된 입장에도 이와 유사한 이야기가 그대로 적용된다. 예컨대 차등의 원칙 대신 결과적인 분배의 표준 편차 가운데 어떤 분수나 배수를 제하고 난 평균 효용을 극대화하는 기준을 분배의 원칙으로 채택할 수도 있다. 이러한 편차는 모든 사람이 똑같은 효용을 달성하게 될 때 가장 작은 편차를 결과하므로 평균 효용의 극대화 기준은 평균 효용의 원칙보다 최소 수혜자에게 더 큰 관심을 나타낸다. 이러한 견해에 대해 두 가지 문제를 제기할 수 있다. 하나는 표준 편차에서 제해야 하는 분수나 배수가 어떻게 선정되느냐의 문제이다. 다른 하나는 이러한 매개 변수가 평균 자체와 더불어 어떻게 변하느냐의 문제이다. 그런데 이들 문제에 대한 적절한 답변은 그 배후에 차등의 원칙이 있어야만 가능하다. 왜냐하면 서로 다른 정치적 견해는 더 큰 평균 복지와 더 평등한 분배라는 목적을 서로 다른 식으로 균형 잡으려 할 것이므로 이들 사이의 상대적인 비중을 결정해 줄 기준이 필요할 것이기 때문이다. 이런 경우 차등의 원칙은 그러한 목적 사이의 비중을 조절해주는 기준 역할을 한다.

민주주의적 정신에 따라 평등한 자유와 공정한 기회에 일관되는 방식으로 최소 수혜자의 장기적인 전망을 증진해 주는 일은 매우 자연스럽다. 우리가 그런 방향으로 나아가는 정책을 대단히 신뢰하는 이유는 그런 정책이 없을 때는 최소 수혜자 계층의 사정이 더욱 악화될 수 있기 때문이다. 이러한 정책을 완전히 정의롭다고 말할 수는 없겠지만, 전반적으로 정의롭다고 말할 수는 있다. 이런 점에서 차등의 원칙은 민주주의의 정치적 관례를 합당한 방식으로 확대한 것으로 해석된다.

그런데 혼합된 입장도 정책을 평가할 수 있는 합당한 기준을 감정해 줄 수 있으며, 또한 적절한 배경적 제도를 고려하여 우리를 올바른 결론으로 이끌어 갈 수도 있다. 예컨대 표준 편차에서 어떤 분수나 배수를 제하고 난 평균 복지를 극대화하는 방식의 혼합된 입장이 있다고 할 때 이 견해를 받아들이는 사람이 공정한 기회균등을 선택할 확률은 매우 높다. 왜냐하면 모든 사람에게 균등한 기회를 줄 때 효율성의 증가를 가져올 수 있으며, 이를 통해 평균치의 증가와 불평등의 감소를 꾀할 수 있기 때문이다. 이러한 예에서 보듯 차등의 원칙 대신 다른 대안을 사용하고 있는 혼합된 입장은 제2원칙의 다른 부분인 공정한 기회균등의 원칙을 지지한다. 그러나 이러한 혼합된 입장은 차등의 원칙을 대신할 분명한 대안을 명시하지 못하고 있다는 난점을 보인다.

이 외에 차등의 원칙을 선택하게 되는 또 다른 고려 사항은 차등의 원칙을 해석하고 적용하는 일이 비교적 쉽다는 점이다. 무엇이 최소 수혜자 계층의 이익을 증진해 줄 것인가를 확인하는 일은 아주 간단하다. 최소 수혜자 집단은 기본적 가치의 지수에 의해 확인될 수 있으며, 정책의 문제는 적절한 위치에 있는 관련된 대표인이 어떻게 선택할 것인가를 물어 해결할 수 있다. 그렇지 않고 차등의 원칙 대신 효용의 원칙에 그 역할을 맡기게 될 경우 평균 복지 혹은 전체 복지라는 관념은 그저 애매하게 될 뿐이다. 여기에서 필요한 것은 서로 다른 대표자가 각각의 효용 함수에 대해 어떤 평가에 도달하는 일과 그들 사이의 일치점을 설정하는 일이다. 그러나 이것을 하는 데는 문제점이 많고, 일치점은 대략적인 추산에 그치고 말 것이므로 서로가 자신의 견해야말로 타당하다고 주장하게 된다. 이러한 상황은 더 힘이 센 사회적 지위에 있는 사람이 정의롭지 못한 방법으로 자신의 이득을 챙겨도 쉽사리 들키지 않는 제도상의 맹점을 불러오게 된다.

이상의 논의는 혼합된 입장에서조차도 효용의 원칙이 아니라 차등의 원칙 혹은 공정한 기회균등의 원칙을 포함하는 정의의 제2원칙 모두를 선택하는 것이 정당한 이유를 보여준다.

50) 완전성의 원리

어떤 입장이 얼마만큼 완전설적인가는 그 입장이 탁월성이나 문화의 요구에 부여하는 비중에 따라 판명된다. 그것들에 부여된 비중의 정도에 따라 완전성의 원리principle of perfection는 엄밀한 완전성의 원리와 완화된 완전성의 원리로 구분된다.

엄밀한 완전성의 원리에 따르면 사회는 예술, 학문, 문화 등의 측면에서 인간적 탁월성의 성취를 극대화할 수 있도록 제도를 마련해야 한다. 바로 이러한 인간적 탁월성의 성취야말로 개인의 의무와 책무를 규정하는 지침이 된다. 이런 점에서 엄밀한 완전성의 원리는 단일 원리의 목적론적 이론으로 여겨진다. 그리고 이 원리는 예술, 학문, 문화 등에 해당하는 이상이 높으면 높을수록 제도적으로 더 많은 것을 요구하게 된다는 특성을 지닌다. 니체Friedrich Nietzsche (1844~1900)는 소크라테스Socrates(B.C. 470~B.C. 399)나 괴테 Johann W. von Goethe(1749~1832) 등 위대한 인간의 삶에 절대적인 비중을 부여한다. 그는 인류가 계속하여 위대한 개인을 배출해 낼 수 있도록 노력해야 한다고 주장한다. 우리는 최고의 표본이 되는 선을 위해 일해야 하며, 그래야 비로소 우리의 삶은 가치 있게 된다.

완화된 완전성의 원리에 의하면 삶의 형태로서 문화적 가치는 사소한 쾌락과 비교할 수 없는 더 큰 본질적 가치를 지닌다. 정상적 조건일 경우 완전성이라는 목표가 실현되려면 적어도 최소한의 사회적 자원이 비축되어 있어야 한다. 그러나 사회적 자원을 최소한이나마 비축해 놓아야 한다는 요구가 기본적 욕구라는 요청과 마주치게 될 때는 여건에 따라 예외가 성립할 수 있다. 그래서 여건이 향상될 경우 완전성의 원리는 기본적 욕구의 만족량과 비교하여 완전성의 목표를 실현하는 데 필요한 사회적 자원을 상대적으로 증대할 수 있다. 이러한 직관주의적 형태의 완전설, 즉 완화된 완전설의 입장은 엄밀한 완전설의 입장과 비교하면 훨씬 더 합당한 입장이라고 할 수 있다.

완전성의 원리는 분명 이상을 지향하는 원리 가운데 하나이다. 이상을 지향하는 원리는 욕구 충족의 총량과 그것이 양적으로 분배되는 방식만을 유일한 고려 사항으로 여기는 이른바 욕구를 지향하는 원리와는 전혀 다르다. 그런데 이러한 식의 구분을 따를 때 정의의 원칙 역시 완전성의 원리와 마찬가지로 이상을 지향하는 원리에 속한다. 정의의 원칙은 공리주의처럼 복지의 양이나 그것의 분배에 관해서는 말하지 않으며 다만 자유를 포함하는 다른 기본적 가치의 분배에 관심을 가진다. 동시에 이 원칙은 인간의 이념상을 규정하는 데 있어 완전설처럼 인간의 탁월성에 대한 기준을 전제하지도 않는다. 이런 점에서 계약론은 완전설과 공리주의의 중간에 위치한다.

원초적 입장에 있는 모든 당사자는 자신들의 능력을 달성하거나 욕구의 만족을 평가하는 기준이 되는 가치관에 여러 종류가 있다고 생각한다. 그래서 그들은 하나의 가치관만을 공유해야 한다는 주장에 반대 의사를 표명한다. 또한 그들은 일치된 완전성의 기준이 제도를 선택하는 원리가 되기에는 적절치 않다고 생각한다. 이러한 기준을 받아들일 경우 여러 가지 정신적 목표를 달성하는 데 필요한 모든 자유는 아닐지라도 종교상의 자유를 비롯한 여타의 자유가 상실되거나 감소하는 결과를 초래하게 될 것이다. 그래서 원초적 입장의 모든 당사자는 합의를 통해 모든 사람은 다른 사람이 지니고 있는 바와 유사한 ―자유와 양립하는 최대한으로 동등한― 자유를 가져야 한다는 점에 도달하려고 노력한다.

완전성의 기준은 자유의 감소를 초래한다는 문제점 말고도, 그 기준을 분배의 몫을 나누는 기준으로까지 설정하려는 데서 오는 문제점을 안고 있다. 완전성의 기준에 따르면 권리는 어디까지나 본질적 가치의 총체를 극대화하기 위해 할당된다. 완전성의 기준을 받아들인 사람은 이를 근거로 여러 사람의 활동을 비교해 더 본질적 가치를 지닌 활동을 한 사람에게 더 큰 자유와 더 많은 분배의 몫이 돌아가도록 국가가 제도적으로 보장하라고 요구한다. 이와 달리 공정으로서의 정의는 질서 정연한 사회 내에서 탁월성의 가치를 인정하나 자신의 활동이 다른 여러 사람의 활동보다 더 본질적 가치를 지니고 있으므로 자신에게 더 큰 자유와 더 많은 분배의 몫이 돌아오는 것은 당연하다고 주장하는 완전설적 요구를 부당한 요구로 간주한다. 바로 이런 점에서 완전설이 정치적 원칙이 되기에는 적절치 않다는 사실이 드러난다. 예술, 학문, 문화 일반 등에 종사하는 단체에 후원되는 사회적 자원은 각각의 단체에 의해 수행된 봉사의 대가이거나, 혹은 시민의 자발적 기부를 통해 얻은 것이어야 한다.

정의로운 사회는 원하기만 한다면 얼마든지 상당한 양의 사회적 자원을 예술과 과학의 경비로 사용할 수 있다. 그러나 이러한 지원을 목적으로 하는 과세가 정당화되려면 두 가지 조건이 충족되어야 한다. 첫째, 과세는 평등한 자유의 보장을 위한 사회적 조건을 촉진해주어야 한다. 둘째, 과세는 합당한 방식으로 최소 수혜자의 장기적 이득을 증진해 주어야 한다.

제6장 의무와 책무

6장에서는 개인에게 적용하는 자연적 의무와 책무가 다루어진다. 그리고 특히 '자연적 의무의 원칙에 관한 논증'과 '공정성의 원칙에 관한 논증'을 통해 원초적 입장에서 정의의 원칙이 선택되는 이유와 그것이 사회 협동체를 안정시켜주는 기능에 대한 검토가 이루어진다. 약속이나 신의의 원칙에 관한 논의도 있다. 나아가서 정의의 원칙이 정치적 의무와 책무에 관한 이론에 대해 함축하고 있는 의미가 제시된다.

51) 자연적 의무의 원칙에 관한 논증

원초적 입장에서 채택하는 자연적 의무와 책무의 원칙은 옳음의 관점을 구성하는 중요한 요소에 해당한다. 그것들은 개인에게 적용되며 우리가 제도적으로 유대를 맺거나 결속하는 방식을 규정한다. 자연적 의무의 종류에는 정의로운 제도를 유지하고 촉진해야 하는 의무(정의의 자연적 의무), 상호 존중의 의무, 그리고 상호 협조의 의무가 있다.

정의로운 제도를 유지하고 촉진해야 하는 의무는 정의로운 제도가 현존할 때 우리가 그 제도를 따르면서 우리의 본분을 다해야 하는 의무이다. 정의로운 제도가 현존하지 않을 때는, 우리가 조금만 노력해도 정의로운 제도가 성립될 수 있다면, 정의로운 체제를 확립하기 위해 서로가 협력을 다 해야만 하는 의무를 말한다. 이러한 의무는 결국 정의의 두 원칙을 만족하는 체제를 유지하고 촉진하는 의무일 뿐이다.

상호 존중의 의무는 정의감과 가치관을 지닌 도덕적 존재로서의 인간에게 마땅히 존경을 표시해야 할 의무를 말한다. 다른 사람을 도덕적 인격을 지닌 존재로 존중한다는 사실은 그의 목적이나 이해관계를 그의 처지에 서서 이해하는 것을 말한다. 또한 나 자신의 행위가 제약을 받더라도 그것을 수용할 수 있게 해주는 고려 사항을 그에게 제시하려고 노력한다는 의미를 가진다. 그리고 존중이란 조그마

한 호의를 베풀거나 예절을 지키려는 의욕 속에서도 나타난다. 이것은 호의나 예절 속에 대단한 실질적 가치가 있기 때문이 아니라 그것들을 통해 우리가 다른 사람의 감정이나 열망을 의식하고 있다는 점을 적절히 표현할 수 있기 때문이다.

상호 협조의 의무는 우리도 다른 사람의 도움이 필요한 상황이 있을 것인데 이러한 의무를 받아들이지 않게 되면, 우리가 필요한 경우에 다른 사람의 도움을 받을 수 없게 된다는 사실에 근거하여 제안된다. 우리가 어려울 때 서로 도움을 주고받을 수 있는 사회에서 살고 있다는 사실은 그 자체만으로도 대단히 가치 있는 일이다. 상호 협조의 의무가 가진 일차적인 가치는 다른 사람이 지닌 선의에 대한 우리의 확신과 신뢰감, 그리고 우리가 필요로 할 때면 언제라도 그런 사람이 우리 곁에 있어 준다는 사실 등에 대한 인지적 요소에 의해 측정된다.

그러므로 자연적 의무에 대한 아주 적은 욕구마저도 가질 수 없는 사회생활이란 우리 자신에 대한 가치감을 인정하지 않는 태도, 즉 경멸까지는 아니어도 인간 존재 그 자체에 대한 무관심으로 점철된 사회생활에 불과하다.

52) 공정성의 원칙에 관한 논증

자연적 의무가 다양한 원칙에 근거하여 발생하는 데 비하여 모든 책무는 공정성의 원칙에 근거하여 발생한다. 자연적 의무와 책무는 다른 방식으로 발생한다. 자연적 의무는 우리의 출생부터 우리의 모든 행위를 규제하기 때문에 어쩔 수 없이 우리에게 적용되는 제도로부터 발생한다. 책무는 우리가 자신의 목적을 실현하려고 자유롭게 실행한 어떤 행위 때문에 우리에게 적용되는 제도로부터 발생한다. 그래서 우리는 정의로운 헌법이나 재산을 규제하는 기본법에 따라야 할 자연적 의무를 갖게 된다. 반면에 우리는 우리가 획득해낸 직책에 따른 의무를 수행할 책무, 또는 우리가 가입한 단체나 활동의 규칙을 준수해야 할 책무 등을 갖게 된다.

그런데 모든 책무의 근원이 되는 공정성의 원칙은 선택의 자유와 적절한 도덕적 요구 사항에 기초하여 질서 정연한 사회를 안정시키는 역할을 하며, 동시에 쌍방에게 이득이 될 —자유롭게 책무를 설정하는 방식인 약속이라는 사회적 관행에 적용되어— 신의의 원칙을 도출해내는 역할을 한다. 신의의 원칙은 '진실한 약속은 지켜야 한다'는 책무를 뜻하며, 이 책무는 약속이라는 관행에 공정성의 원칙이 적용되어 나타난 결과이다. 그리고 여기서 약속이란 어떤 활동이나 행위를 명시하거나 규정하는 일련의 규제적 관행, 바꿔 말해 공적 체계에 의해 규정된 행위를 말한다. 우리가 맺는 약속이 구속력을 지니려면 우리는 의식적이고 합리적이어야 하며, 효력을 가진 말의 의미와 용법을 알아야 한다. 또한 이러한 말은 위협이나 강권이 아니라 합당하면서도 공정하게 흥정할 수 있는 상황에서 자유로이 자율적으로 발언되어야 한다. 이와 같은 구속력 있는 조건을 포함한 약속에 공정성의 원칙이 적용되는 체제는 분명히 공동의 이익을 가져온다.

53) 정의롭지 못한 법을 준수할 의무

체제 내에서 정의롭지 못한 일이 발생하는 방식에는 두 가지가 있다. 하나는 현존 체제가 정의로운 공공적 기준에서 벗어난 정도에 따라 발생한다. 다른 하나는 현존 체제가 그 사회의 정의관이나 지배 계층의 입장과 부합한다고 해도 그 입장 자체가 부당할 수도 있으므로 발생한다.

그런데 정의롭지 못한 법이나 정책일지라도 그것들이 부정의의 어떤 한도를 벗어나지 않는 한 우리에게는 그것들에 따라야 할 의무가 있다. 그 때문에 정의의 자연적 의무는 불법적 수단을 동원하여 그것들에 반대하는 것을 금한다. 그렇다면 우리는 정의롭지 못한 법에 따를 것을 요구하는 입헌 규칙에 동의해야만 하는가? 바꿔 말해 우리가 자신의 의사에는 반하나 다른 사람의 의사는 실현해 줄 수 있는 절차(예컨대 다수결 원칙)를 받아들여야 할까?

다수결 원칙과 같은 절차가 채택되려면 모든 당사자가 정의롭지 못한 법을 감내해야 하는 정도를 규정해주는 조건이 필요하다. 그 조건으로는 두 가지를 들 수 있다. 하나는 정의롭지 못한 일이 주는 부담이 사회의 서로 다른 집단 사이에도 고르게 분포되어야 한다는 조건이다. 다른 하나는 정의롭지 못한 정책에 의해 가해지는 압제는 어떤 경우에도 지나치게 무거워서는 안 된다는 것이다. 그러므로 오랫동안 조건 없는 부정의 때문에 고통을 받아온 항구적인 소수자의 편에서 볼 때 우리는 정의롭지 못한 법에 따를 의무가 있다는 사실이 매우 의아할 것이다. 그래서 우리는 우리 자신이나 다른 사람의 기본적 자유가 부정되는 것을 묵인하라는 요구를 받지 않는다. 그러나 대신에 입헌 체제에 내재한 불가피한 결함을 동등하게 분담하려면 우리의 행위를 필요한 만큼 민주주의적 권위에 예속시켜야 한다. 이것을 수용하는 일은 인간 생활의 모든 여건에서 발생하는 제약을 인정하고 그 속에서 기꺼이 일하고 싶다는 의지를 표명하는 일에 해당한다.

우리는 사회 체제상의 결함을 그 체제에 따르지 않으려는 구실로 삼아서는 안 되며, 법규상의 불가피한 허점을 이용하여 이득을 도모해서도 안 된다. 이러한 시민의 자연적 의무를 인정하지 않을 때 우리 서로의 신뢰와 믿음은 쉽사리 깨어질 것이기 때문이다.

54) 다수결 원칙의 지위

다수결 원칙에 대한 정당화는 헌법이 실현하고자 하는

정치적 목적에 달려 있다. 따라서 그것에 대한 정당화는 정의의 두 원칙에 토대를 두고 있다. 이런 점에서 다수결 원칙은 정의의 원칙이 이미 규정해놓은(어떤 목적을 실현하기 위한 수단이 되는) 절차적 장치라는 종속적 지위를 갖게 된다. 다수결 원칙의 절차는 배경적 정의의 조건, 즉 언론과 집회의 자유, 공무에 참여할 자유, 그리고 헌법적 방법을 통해 입법 과정에 영향을 미칠 수 있는 자유 등의 정치적 자유라는 조건과 이러한 자유가 가진 공정한 가치를 보장해야 한다는 조건 등을 만족하게 해야 한다.

그런데 다수자가 원하는 것이 무엇이든 옳다고 생각하는 것은 아주 잘못된 생각이다. 설사 어떤 적절한 규정에 의해 제한을 받는 다수자에게 헌법상의 입법적 권리가 있어도 그들이 규정한 법이 정의로운 법이라고 단언할 수는 없다. 정의로운 헌법은 제헌 위원회 단계에서 여러 합리적 대표자가 정의의 두 원칙을 지침으로 삼아 합의에 따라 도출해 낸 헌법을 말한다. 그리고 정의로운 법과 정책은 입법단계에서 정의로운 헌법의 제한을 받는 모든 합리적 입법자가 정의의 원칙(집단적 숙고 판단)을 그들의 기준으로 채택하여 양심적으로 따를 것을 전제하고 제정한 것들이다. 그래서 이들 합리적 입법자가 다수자에 의해 표결된 법이나 정책을 합당하게 받아들이게 될 경우 비록 다수자가 내린 결정이 절대적 결정은 아닐지라도 그것은 분명히 실제적 권위를 갖게 된다. 바로 이것이 준순수 절차적 정의에 속하는 정치석 해결의 원칙이다.

그러므로 이상적 절차로서 다수결 원칙에 따라 내려진 결정은 자신들의 목적을 달성하기 위해 대립하고 있는 이해 당사자 사이의 타협이나 협상의 산물이 아니다. 입법상 이루어지는 논의는 이해 관계자 사이의 경쟁이 아니라 정의의 원칙에 근거하여 최선의 정책을 찾아내려는 시도이기 때문이다. 그래서 표결의 결과는 정의관과 가장 잘 부합하는 결정이 무엇인가를 보여준다.

55) 시민 불복종에 대한 정의

각자의 자유를 방어할 권리와 정의롭지 못한 일에 반대할 의무의 관점에서 볼 때 합법적인 다수자가 제정한 법이나 이들 다수자의 지지에 근거하고 있는 행정 명령에 따라야 할 우리의 의무가 구속력을 상실하게 되는 지점은 어디일까? 이러한 물음은 시민 불복종civil disobedience의 문제가 의무 사이의 상충으로부터 야기된다는 점을 함축한다.

시민 불복종은 법이나 정부의 정책에 변혁을 가져오기 위해 공공적이며, 비폭력적이고, 양심적으로 행해지는, 그러나 법에 반하는 정치적 행위로 정의된다. 우리는 이러한 정치적 행위를 통해 공동 사회의 다수자가 지닌 정의감을 표현하게 되고, 자유롭고 평등한 사람 사이에 존중되어야 할 사회 협동체의 원칙이 준수되지 않고 있다는 사실을 선언하게 된다.

시민 불복종이 아닌 다른 형태의 반대에는 합법적 시위, 법정에 판례를 남기려는 고의적 위법, 군사적 행위, 그리고 조직적 항거 등이 있다. 시민 불복종의 정의에 대해 두 가지 점에서 예비 설명을 덧붙여 볼 필요가 있다. 하나는 시민 불복종 행위가 항의의 대상으로 여기고 있는 법을 위반하라고 요구하지는 않는다는 점이다. 다른 하나는 시민 불복종 행위가 그 법에 반대할 각오를 요구한다는 점이다. 그럴 경우 입헌 체제의 법정은 최종적으로 시민 불복종을 행한 항의자의 편에 서게 될 것이며, 항의의 대상이었던 법이나 정책은 위헌으로 선언될 것이다.

그런데 시민 불복종이 하나는 정치권력을 가진 다수자에게 제시된다는 의미에서, 다른 하나는 정의의 원칙에 의해 지도되고 정당화된다는 의미에서 정치적 행위라는 점에 주목해야 한다. 그러므로 우리의 개인적인 도덕 원칙이나 종교적인 교설이 우리의 주장과 일치한다거나 지지해준다고 해서 시민 불복종을 전개할 경우 그 불복종은 결코 정당화되지 않는다. 그 대신 시민 불복종은 우리의 정치적 질서의 토대가 되는 공유된 정의관에 따라 전개되어야 한다. 또한 정치적 행위인 시민 불복종은 공공적 행위이기도 하다. 시민 불복종은 공공 원칙과 관련되어 있을 뿐만 아니라 공공적으로 행해지며, 신중하면서도 양심적인 정치적 신념을 표현하는 청원의 한 형태로서 공개 석상에서 이루어진다. 이런 이유로 시민 불복종은 비폭력적 성격을 가진다. 폭력 행위에 가담하는 일은 청원의 한 양식인 시민 불복종과 양립할 수 없다. 시민 불복종은 그것이 경고나 훈계는 될지언정 그 자체가 위협이 될 수는 없다.

이 외에도 시민 불복종이 비폭력적인 것으로 여겨지는 또 다른 이유가 있다. 시민 불복종은 법의 테두리 밖에 있긴 하나 어디까지나 법에 대한 충실성의 한계 내에서 행해진다. 법에 대한 충실성은 불복종 행위가 공공적이며, 비폭력적인 성격을 지니고 있다는 사실을 보여줄 뿐만 아니라 그 행위에 따른 법적 결과를 기꺼이 받아들이겠다는 의지의 표명이다. 이런 의미에서 시민 불복종은 전투적 행위나 파괴, 그리고 조직적인 강력한 저항이 아니다. 호전적 행위란 법에 대한 충실성의 영역 바깥에서 법질서에 대해 더 철저하게 반대하는 것을 뜻한다.

사회의 기본적 구조가 아주 정의롭지 못하거나 사회가 그 기본적 구조 자체에 의해 공표된 이상으로부터 아주 멀어졌다면, 우리는 극단적 변화와 공명정대한 혁명적 변화를 이끌어 낼 방법을 찾아내야 한다. 이것은 근본적 변혁과 관련하여 공중을 자각시키는 방향으로 행해져야 한다. 그래서 때에 따라서는 무력 행위와 여타의 저항도 정당화될 수 있다.

56) 양심적 거부에 대한 정의

양심적 거부란 직접적 법령과 행정적 명령에 순종하지 않는 것을 말한다. 이것이 거부로 여겨지는 이유는 어떤 명령이 우리에게 주어졌을 경우 우리가 그 명령에 순응하는지가 해당 당국에 의해 곧바로 파악될 수 있기 때문이다. 양심적 거부의 전형적 사례로는 초기 기독교도가 이교 국가가 규정한 경배 행위를 수행하라는 명령을 거부하는 행위, 여호와 증인이 국기를 경배하는 것을 거부하는 행위, 평화주의자가 군 복무를 기피하는 행위, 병사에게 내려진 명령이 전쟁 시 적용하는 도덕 법칙에 어긋나는 명령이므로 병사가 그 명령에 복종하지 않는 행위 등이 있다. 그리고 탈주 노예법을 암암리에 어기는 행위는 이른바 양심적 기피의 사례에 해당한다.

양심적 거부 혹은 기피와 시민 불복종 사이에는 크게 두 가지 차이점이 있다. 양심적 거부는 다수자의 정의감에 호소하는 청원이 아니라는 점에서 시민 불복종과는 다르다. 양심적 거부는 비밀스럽거나 은밀한 것이 아니다. 그것은 단지 양심적 이유로 명령과 법령에 따르는 것을 거부할 뿐이다. 또한 양심적 거부는 공동체의 신념에도 호소하지 않는데 이런 점에서 그것은 공개 석상의 행위도 아니다. 양심적 거부를 행하는 사람은 법이나 정책 등이 변하게 될 것이라는 기대조차 하지 않는다. 정황상 양심적 거부자는 그의 처지를 사회적으로 표명할 어떠한 시간도 허락되지 않으며, 또한 그의 요구를 다수자가 받아들이게 할 기회조차도 주어지지 않는다. 양심적 거부가 시민 불복종과 다른 또 하나의 점은 그것이 꼭 정치적 원칙에 바탕을 둘 필요가 없을 뿐만 아니라 법질서에 상반되는 종교적 원리나 여타 다른 원리에 기초할 수 있다는 점이다. 시민 불복종은 시민이 공통으로 공유하고 있는 정의관에 호소하는 것임에 반하여 양심적 거부는 전혀 다른 근거에서 행해질 수 있다. 그래서 양심적 거부는 정치적 원리에 근거하여 행해질 수도 있고, 법이 매우 정의롭지 못해 그 법에 따라야 할 의무를 거절할 수도 있다.

이상의 구분에도 불구하고 실제상황에서는 시민 불복종과 양심적 거부를 분명히 구분해내는 일이 거의 불가능하다.

57) 시민 불복종의 정당화

시민 불복종은 정의의 두 원칙 가운데 평등한 자유의 원칙과 공정한 기회균등의 원칙이 심각한 침해를 받는 경우에 국한된다. 이들 원칙은 제도 속에서 분명하게 표현되어야만 하는 일련의 엄격한 요구 사항을 부과한다. 예컨대 특정의 소수자가 투표하거나 직책을 맡을 권리를 부여받지 못한 경우, 자신의 재산을 가지고 이주할 권리를 박탈당한 경우, 혹은 특정 종교 단체가 억압을 받거나 여타 다른 특정한 단체에 어떤 기회조차 주어지지 않는 경우 등 이러한 부정의는 모든 사람에게 기본적 자유가 전혀 존중받지 못하고 있다는 사실을 명백히 보여준다. 기본적 자유가 반드시 문서상으로만 보장되어야 하는 것은 아니다. 왜냐하면 기본적 자유는 사회 체제가 인정한 관행 속에 공개적으로 포함되어 있기 때문이다.

그런데 평등한 자유의 원칙과 공정한 기회균등의 원칙이 침해되었는지를 확인하는 일보다 차등의 원칙이 위반되었는지를 확인하는 일이 더욱 어렵다. 차등의 원칙은 경제적·사회적 제도와 정책에 적용하기 위해 합의된 원칙이다. 그래서 세제법이 기본적인 평등한 자유의 침해 혹은 박탈을 위해 만들어지지 않은 이상 그 세제법이 시민 불복종으로 거부되어야 할 이유는 없다. 요구한 바의 평등한 자유가 확보되었다면 이러한 문제의 해결은 정치적 과정에 맡겨두는 것이 바람직하다.

시민 불복종이 정당화되려면 적어도 다음 세 가지 조건을 충족시켜야 한다. 첫째, 입헌 체제에서 평등한 자유의 원칙은 평등한 시민권이 갖는 공통된 지위를 규정해 주고 정치 질서의 바탕을 형성해주는 것이므로 이 원칙이 위반될 경우 시민 불복종은 정당화된다. 둘째, 정치적 다수자에게 정상적인 방법으로 성실하게 호소했음에도 그것이 전혀 성공적이지 않을 경우 최후의 대책으로서 시민 불복종은 정당화된다. 셋째, 만일 어떤 소수자가 시민 불복종에 가담한 일이 정당화된다면 그들과 유사한 상황에 있는 다른 소수자 역시 정당화된다. 그리고 같은 여건 속에서 두 소수 집단이 같은 시간 동안 같은 정도로 정의롭지 못한 일에 고통받고 있으며, 그들이 각각 진실 되고 정상적인 정치적 호소를 했음에도 그것이 아무런 소용이 없게 될 경우 시민 불복종은 정당화된다.

　시민 불복종의 정당화를 위한 이상 세 가지 조건이 완전한 조건은 아니다. 이 때문에 시민 불복종은 이러한 조건 외에도 제3의 당사자, 즉 무고한 사람이 피해를 보지 않도록 노력하는 선에서 실행되어야 한다.

58) 양심적 거부의 정당화

　양심적 거부는 헌법의 기초이자 헌법 해석의 지침이 되는 정의론과 동일한 정의론에 근거하고 있어야 한다. 양심적 거부에 관련한 주요 문제로는 다음 두 가지를 들 수 있다. 하나는 어떤 병사가 불법적인 전쟁에 참여하라는 명령을 받았다고 할 때 그가 부당한 명령과 자연적 의무 사이에서 어떤 선택을 해야 하는가의 문제이다. 그럴 경우 병사가 합당하면서도 양심적인 관점에서 볼 때 그 명령이 전쟁 행위에 적용되는 원칙을 명백히 위반한다고 믿는다면 전쟁에 참여하는 일을 거부해도 된다. 그에게는 명령에 복종할 의무보다 다른 사람에게 정의롭지 못한 일이나 악을 행해서는 안 된다는 자연적 의무가 더 중요하기 때문이다. 다른 하나는 특정한 전쟁 기간에 우리가 군에 입대해야만 하는가의 문제이다. 이 문제에 대한 답은 전쟁의 목표와 그것의 수행에 달려 있다. 특히 강제 징병이 이루어지는 상황일 경우 그 징병의 정당성 여부에 따라 입대의 문제가 결정된다.

징병이란 원칙적으로 평등한 시민의 기본적 자유를 극심하게 침해하는 행위이다. 그 때문에 징병이 국가 안보보다 긴박하지 않은 요구로 이루어지고 있다면 그것은 정당화될 수 없다. 징병 혹은 징집은 정의로운 제도를 유지하는 데 목적이 있으며, 오직 자유 그 자체의 옹호를 위해 요구될 뿐이다. 이러한 자유는 해당 사회와 다른 사회의 시민의 자유를 모두 포함한다. 따라서 징집군이 외국 정복을 위한 정의롭지 못한 수단으로 이용될 가능성이 없다면 징병은 정당화될 수 있다. 징집은 자유의 보장을 위해 반드시 필요한 경우에만 이루어져야 한다. 이것이 자유의 우선성이 요구하는 바이다. 그리고 외부의 부당한 공격에 직면하여 발생한 위험은 그 사회의 모든 구성원에게 고르게 분담시켜야 하며, 또한 의무로서 징병에 응할 사람을 선정할 때 계층적 편파성이 없도록 해야 한다. 징병제는 바로 이러한 근거에 의해서만 옹호된다. 그래서 징병을 하는 민주 사회에서 병역의 의무를 지닌 사람은 전투의 목적이 정의롭지 못할 경우 특정한 전쟁 중에 군에 입대해야 할 의무를 양심적으로 거부할 수 있다.

그런데 양심적 거부는 그 형식상 일반적인 평화주의가 아닌 조건부 평화주의에 따라 행해져야 한다. 조건부 평화주의에 따르는 양심적 거부란 어떤 특정한 여건 아래에서라면 전쟁에 참여하는 분별력 있는 양식을 지닌 양심적 거부를 뜻한다. 반면에 일반적 평화주의는 어떤 조건이 되었든 그것과 관계없이 전쟁에 참여하는 자체를 거부하는 편파적 교설로서 현실과는 거리가 먼 견해이다.

59) 시민 불복종의 역할

평등한 사람 사이의 협동 체제인 민주사회에서 시민이 정의롭지 못한 일로 심각한 고통을 받고 있다면 그런 부정의에 복종할 필요는 없다. 시민 불복종은 법을 충실히 준수하는 선에서 정의롭지 못한 일에 항거하는 행위이다. 그리하여 정의에서 벗어나는 일을 막아주며, 실제로 그런 일이 일어나면 바로잡아 주는 역할을 한다. 시민 불복종은 이런 식으로 정의로운 제도를 유지하고 강화해준다. 시민 불복종과 양심적 거부는 정의定義의 관점에서 볼 때 불법적이긴 하나 그것들이 입헌 체제를 안정시키는 방법임에는 분명하다.

어떤 사람은 시민 불복종 이론이 매우 비현실적이라는 반론을 펼 수도 있다. 시민 불복종은 다수자의 정의감을 전제하고 전개되는 행위인데 그런 도덕적인 고상한 감정이 대단한 정치적 힘을 발휘하리라고는 생각하기 어렵다는 점 때문이다. 그러나 이런 식의 반론에 대해서도 얼마든지 답변은 가능하다. 공동체의 정의감은 소수자가 법이 허용하는 한도 내에서 시민 불복종을 전개할 때 다수자가 소수자를 억누르거나 처벌하는 데 필요한 조치를 내릴 수 없다는 사실 속에서 찾아진다. 그리고 정의감은 보통 무의식적이긴 하나 정치적 삶에 대한 우리의 해석, 행동 방침에 대한 우리의 지각, 그리고 다른 사람의 정의로운 항의를 막고 싶어 하는 우리의 의지 등에 영향을 준다. 이런 식으로 정의감이 영향력을 행사한다는 사실이 인정되고, 특히 사회적으로 정의롭지 못한 입장이 일방적으로 옹호되지 않게 하는 역할을 한다면 정의감은 더 강력한 정치적 힘을 발휘하게 된다.

남에게는 관용을 베풀지 않으면서도 자신의 자유가 조금만 침해를 받아도 즉각 평등한 자유의 원칙을 내세워 다수자의 정의감에 호소하는 방식으로 항의하는 사람이나, 입장만 바뀌면 어떻게 해서든 자신의 지배를 공고히 다지려는 사람 등을 일컬어 불관용자라고 한다. 이들은 정의로운 제도에 의해 부여되는 이익을 취해가면서도 정작 그 제도를 유지하는 데 필요한 자신들의 본분을 다하지 않는다는 점에서 무임승차자로 여겨진다. 이럴 때 다수자는 자신들의 평등한 자유에 대한 충실성이 일단의 불관용자에 의해 정의롭지 않은 목적으로 오용되고 있음을 느끼게 된다. 이러한 상황은 공동의 정의감이 협동체를 보존하는 데 커다란 비중을 차지하는 집단적 자산이라는 사실을 예증한다. 분할된 사회나 집단 이기주의적 사회에서는 시민 불복종을 위한 조건이 아예 존재하지 않는다.

이상의 설명만으로는 시민 불복종이 정당화될 만한 여건

이 성숙하였다고 말해 줄 자격을 갖춘 사람이 누구인지 결정할 수 없다는 항의가 있을 수 있다. 그러나 이러한 항의는 근본적으로 잘못되었다. 시민 불복종을 실행할 시기를 결정하기 위해 어떤 특정한 자격을 갖춘 사람이 필요한 것은 아니다. 합리적 원칙을 수용하고 적용하는 평등한 사람 가운데 누군가를 우월한 사람으로 확정해야 할 이유가 없기 때문이다. 모든 사람의 자발적 숙고, 합당성, 예의, 혹은 행운 등에 힘입어 모두가 동시에 그 시기를 결정하게 된다.

그런데 시민 불복종을 행한 사람을 법정에서 판결할 경우에는 다음 세 가지 사항이 고려되어야 한다. 첫째, 항의자의 행위에 내재한 시민 불복종성을 고려해야 한다. 둘째, 헌법의 토대가 되는 정치적 원칙에 의해 시민 불복종의 정당화가 가능하다는 사실을 참작해야 한다. 셋째, 이상의 고려 사항을 근거로 법적 제재를 축소할 필요가 있으며, 혹은 어떤 경우에는 그러한 제재를 보류해야 한다.

시민 불복종이 분열적 투쟁의 위험을 가져올 수 있다는 점은 분명하다. 그러나 정의로운 시민 불복종이 시민 화합을 깨는 모습으로 비치고 있다면 그 책임은 시민 불복종으로 항의하는 사람에게 있는 것이 아니라 함부로 권위와 권력을 남용하여 불복종이 정당화될 수 있는 단서를 제공한 사람에게 있다. 정의롭지 못한 제도를 어떻게든 유지하려고 국가의 강제 기구를 이용하는 행위는 비합법적으로 힘을 사용하는 행위에 해당한다. 그러므로 시민은 부당하게 사용되는 힘에 대해 정당하게 항의할 권리를 가진다.

제3부
목적론

3부의 중심 의도는 공정으로서의 정의의 상대적 안정성 문제와 질서 정연한 사회의 여건에서 정의와 선의 일치성 문제를 해결하는 데 있다. 나아가서 사회적 가치와 정의가 선이 되는 이유를 설명할 방법이 모색된다.

제7장 합리성으로서의 선

7장에서는 선 이론의 필요성을 필두로 단순한 선, 인생 계획의 선, 그리고 인간에 적용되는 선에 대한 정의定義의 문제가 다루어지며, 아울러 의미에 관한 문제, 숙고된 합리성과 아리스토텔레스적 원칙의 개념, 그리고 기본적 선(가치)으로서의 자존감이 탁월성이나 수치심과 맺고 있는 관계들의 문제가 논의되고, 마지막으로 옳음과 좋음 사이의 몇 가지 대비점이 제시된다.

60) 선 이론의 필요성

어떤 것이 선이 되려면 반드시 옳음의 원칙에 일치하는 삶의 방식에 적합해야만 한다. 이런 의미에서 옳음(정당성)의 개념은 좋음(선)의 개념에 우선한다. 선의 이론으로는 선의 기초론thin theory과 선의 완전론full theory 두 가지가 있다.

공정으로서의 정의에서 선의 기초론은 대체로 두 가지 이유로 이용된다. 하나는 원초적 입장에 참여하는 당사자의 동기를 가정할 필요가 있기 때문이다. 다른 하나는 옳음의 원칙이 확립되려면 어떤 선의 개념이 필요하기 때문이다. 이런 점에서 선의 기초론은 정의의 원칙을 논의할 때 사용할 수 있는 기본적 요소에 국한된다. 이 기초론의 목적은 정의의 원칙에 도달하는 데 필요한 기본적 선(가치)에 대한 전제를 확보하고, 전제의 근거가 되는 합리성의 개념을 해명하는 데 있다.

　선의 기초론은 다음과 같이 세 가지 역할을 수행한다. 첫째, 누가 사회의 최소 수혜자인지 규정한다. 복지 지수나 각 계층의 대표인의 기대치는 기본적 선에 의해 명시될 수 있기 때문이다. 다른 조건이 같다면 사람은 더 광범위한 자유와 기회를 바랄 것이며, 더 큰 몫의 부와 소득을 선택하게 된다. 기본적 선의 목록 가운데 가장 중요한 것은 자존감과 자기 자신의 가치감에 대한 확신이다. 둘째, 공정으로서의 정의를 옹호한다. 우리가 우리의 여건을 직시하면서 우리가 할 수 있는 한 최선의 노력을 다할 경우 우리가 내린 결정은 충분히 합리적인 결정이 된다. 그러므로 선의 기초론만 가지고도 얼마든지 합리적인 근거 위에서 정의의 원칙을 선택할 수 있다. 셋째, 우리의 정의감이 선이냐는 물음이 제기되었을 때 그것을 선이라고 규정한다. 선의 기초론적 의미에서 우리의 정의감이 선이라면 질서 정연한 사회는 희망을 걸 만한 안정적인 사회이다. 그런 사회는 자신을 지탱해 줄 수 있는 도덕적 태도를 산출해낸다. 합리적 인간의 관점에서 볼 때도 이러한 도덕적 태도는 바람직하다. 정의와 선이 이런 식으로 일치하는 것을 '정의와 선의 일치성'이라고 한다.

선의 완전론은 자선 행위나 의무 이상의 행위, 그리고 인간의 도덕적 가치나 도덕적 덕목 등의 선이나 그것의 개념과 관련된 도덕적 개념에 대해 포괄적으로 설명하는 이론이다. 사회적 가치와 정의관의 안정성을 설명하는 데에도 선에 대한 더 광범위한 해석이 요구된다. 이 가운데 사회적 가치를 설명하려면 우선 활동적 선, 특히 공공적 정의관에 따라 모든 사람이 자발적으로 행위하는 선을 설명해 줄 이론이 필요하다. 그리고 정의감과 도덕적인 고상한 감정의 습득 과정을 검토해 보는 일이나 정의로운 사회에서 행해지는 집단적 활동도 선이라는 사실에 주목할 필요가 있다.

61) 단순한 사례에 관한 선에 대한 정의

선(좋음)에 대한, 혹은 기본적 가치 판단에 대한 정의定義는 다음 세 단계로 구성된다.[11]

---

11 같은 책, 350-351쪽.

1단계 : X(예컨대 시계, 자동차, 신체의 일부분)가 무엇에 사용되며, 무엇을 하리라는 기대 등이 고려되고 있으며, A(예컨대 롤렉스, 벤츠, 눈)가 X에서 합리적으로 원할 수 있는 몇 가지 특성을 가질 경우에 한하여 A는 좋은 X이다.

2단계 : K(어떤 사람)의 여건, 능력, 그리고 인생 계획이 고려되고 있으며, 따라서 그가 X로 무엇을, 혹은 무엇이든 하려는 의도에 비추어서 K가 X에서 합리적으로 원할 수 있는 몇 가지 특성을 A가 가질 경우에 한하여 A는 K에게 좋은 X이다.

3단계 : 2단계와 동일하나 거기에 K의 인생 계획이나, 혹은 현재의 사례에 관련된 인생 계획의 일부가 그 자체로 합리적이라는 취지의 절을 덧붙인다.

우리가 합리적으로 원할 수 있는 몇몇 특성이 어떤 대상 속에 있다고 할 경우 그 대상은 그에게 좋은 것이라고 할 수 있다. 그리고 인간 일반에 대해 어떤 종류의 사물이 이러한 조건을 만족시키고 있다면 그 사물은 인간적 선(좋음)으로 여겨진다. 이로부터 우리는 자유, 기회, 그리고 우리 자신의 가치감 등이 이러한 범주에 속하는 것으로 확신하게 된다. 그리고 개인의 특수한 처지나 욕구와 사정에 따라 선택해야 할 사물을 조정할 수밖에 없는 복잡한 경우 우리는 기본적 가치 판단에 대한 정의의 1단계에서 2단계로 나아가게 된다. 2단계에서 기본적 가치 판단은 해당 행위자의 관심, 능력, 그리고 여건 등이 주어졌을 때 당사자의 관점에서 이루어진다. 예컨대 좋은 시계란 그 시계에 대해 당사자가 합리적으로 원할 수 있는 몇 가지 특성이 있는 시계를 뜻한다. 사물의 좋고 나쁨을 기능적으로 판단하는 관점에는 필연적으로 옳거나 도덕적으로 바로잡아야 할 것이 아무것도 없다. 예컨대 좋은 스파이나 좋은 자객이란 우리가 스파이나 자객에게 합리적으로 원할 수 있는 몇 가지 기능적 속성을 지닌 사람을 말한다. 그러므로 기능적으로 좋은 스파이나 좋은 자객인지를 묻는 문제와 그들이 도덕적으로 좋은 사람인지를 묻는 문제는 전혀 다르다.

합리성의 개념만 가지고 도덕적 선관(가치관)을 구성할 수는 없다. 도덕적 선관을 구성하려면 옳음이나 정의의 원칙이 필요하다. 예컨대 좋은 재판관이란 좋은 스파이나 좋은 자객의 경우와는 달리 재판관으로서 기능적 측면이 아닌 옳음이나 정의의 원칙에 근거한 도덕적 측면을 지칭한다. 좋은 재판관은 자신의 지위에 걸맞은 사법상의 덕목을 갖추고 있어 사적인 고려 사항에 흔들리지 않으며, 아무런 편견 없이 증거를 공정하게 평가할 줄 아는 공평하면서도 유능한 사람이다. 이런 문제는 선의 완전론에 속한다.

62) 의미에 관한 주석

선에 대한 정의로서 만족할 만한 정의가 되려면 적어도 다음 두 가지 사실에 부합해야 한다. 하나는 '좋은'이나 '나쁜'이라는 말이 조언하거나 의향을 말할 때, 그리고 칭찬하거나 찬탄할 때 사용된다는 점이다. 좋음(선)을 합리성으로 설명하는 입장은 '좋은'이란 말이 충고와 조언, 칭찬과 시인 속에 등장하는 이유를 해명해준다. 예컨대 조언을 구하는 사람은 그가 어떤 것을 행하는 것이 그에게 합리적인가를 다른 사람의 시각을 통해 알아내고자 한다. 다른 하나는 사물의 종류에 따라 평가 기준이 달라진다는 점이다. 예컨대 주거에 필요한 평가 기준과 의복에 필요한 평가 기준은 다르다. 그리고 동종의 사물이라도 각 사람의 목적에 따라 평가 기준이 달라진다. 우리가 어떤 사물을 원한다고 할 때 우리의 목적은 서로 다를 수 있다. 그런 까닭에 우리가 그 사물이 지닌 특성을 평가하게 될 때 서로 다르게 평가한다. 같은 사물이 가진 특성에 대해 서로 다른 평가를 하는 것은 분명히 합리적인 일에 속한다.

그런데 좋음을 합리성으로 간주하는 관점은 서술적 이론에서 다루어진다. 서술적 의미에서 볼 때 어떤 종류의 사물이 좋다는 것은 우리가 그 사물에 대해 합리적으로 요구할 수 있는 특성뿐 아니라 그것이 각각 경우에 따라 세부적인 사항까지도 지니고 있다는 사실을 뜻한다. 예컨대 '좋은 옷' 이란 옷이 갖추어야 할 합리적인 일반적 특성뿐만 아니라 옷감의 재질, 디자인, 바느질 방법, 그리고 단추 등 그 옷이 좋다는 것을 보여줄 수 있는 세부적인 사항을 지니고 있는 옷을 말한다.

이상 '좋은 옷'의 예에서처럼 '좋은'이라는 말은 사실을 서술하는 서술적 의미의 용법으로 사용되었지 규정적 의미나 혹은 정서적 의미의 용법으로 사용되지는 않았다. 그렇다고 해서 '좋은'이라는 말의 서술적 의미를 어떤 사물이 지닌 몇 가지 단순한 특성의 집합으로 이해해서는 안 된다. 오히려 그것의 서술적 의미는 우리의 관례 혹은 선호에 따라 제시된 각종 사물의 목록이다.

63) 인생 계획을 위한 선에 대한 정의

선을 정의하는 세 번째 단계는 선에 대한 정의를 인생 계획을 위한 선에 적용해보는 일이다. 어떤 사람의 선은 그가 지닌 합리적 계획에 의해 결정된다. 사람은 계획에 따라 생활하는 존재이며, 또한 한 개인은 그의 목적이나 명분, 그리고 자신의 의도를 서술하는 방식으로 존재를 드러낸다.

어떤 사람의 인생 계획이 합리적이려면 다음 두 가지 조건을 만족해야 한다. 첫째, 어떤 사람의 인생 계획은 그의 처지와 관련된 모든 측면에 합리적 선택 원칙(계산의 원칙)을 적용했을 경우 그 원칙에 부합되어야 한다. 둘째, 어떤 사람의 인생 계획은 첫 번째 조건을 만족하게 하는 계획 가운데 충분히 숙고된 합리성에 따라 선택하게 되어야 한다. 또한 사람의 관심과 목적이 합리적이려면 그것들은 합리적 계획에 따라 제시되고 권장되어야만 한다.

그런데 위의 첫 번째 조건에서 언급한 합리적 선택 원칙으로는 효과적인 수단의 원칙, 포괄성의 원칙, 그리고 더 큰 가능성의 원칙 등이 있다. 효과적인 수단의 원칙은 우리에게 어떤 목적이 주어졌을 때 우리가 최소한의 수단을 사용하여 그 목적을 달성하려고 하며, 혹은 수단이 주어졌을 때 우리가 가능한 한도까지 완전하게 그 목적을 달성하려고 한다는 원칙을 말한다. 우리는 이 원칙에 의해 목적을 최선으로 달성해 줄 수 있는 대안을 채택하게 된다. 포괄성의 원칙은 어떤 계획이 실현될 때 다른 계획에 의해 의도된 모든 목표와 부수적으로 한두 가지 목적이 더 달성될 수 있다면 그러한 단기적 계획은 다른 단기적 계획에 우선하여 선택된다는 원칙을 말한다. 그러므로 로마나 파리 두 곳을 모두 방문할 수 없을 때 파리에 가서 로마에서 하고 싶은 모든 것을 포함한 다른 것도 할 수 있다면 우리는 마땅히 파리로 가야 한다. 더 큰 가능성의 원칙은 두 개 이상의 계획이 있고 이들 계획에 의해 성취 가능한 목적이 대체로 같다고 할 경우 성공에 대한 가능성이 가장 큰 계획을 선정해야 한다는 원칙을 말한다.

이상 두 가지 조건을 충족하여 주는 합리적인 인생 계획이란 여러 가지 가능한 계획 가운데 합리적 선택 원칙에 부합하는 하나의 계획(한 개인의 숙고된 합리성에 따라 선정될 여러 최선의 계획에 포함되는 하나의 계획)으로 정의된다. 또한 합리적 인생 계획은 선을 정의하는 데 필요한 기본적 요소로 여겨진다.

그런데 장기적인 인생 계획에는 두 가지 문제점이 뒤따른다. 하나는 인생 계획이 시간 구조를 갖는다는 점에서 발생한다. 합리적 인생 계획이란 우리 인생의 전 과정에 걸쳐 있는 자세한 청사진이 아니다. 그러므로 장기적인 인생 계획은 적절한 시기가 와야만 완성되는 수많은 하부 계획으로 이루어진 계획 사이의 계층제로 보아야 한다. 다른 하나의 문제점은 인생 계획의 주요한 특징이 보다 항구적으로 일반적인 목적을 성취하도록 고무하거나 확보하려는 데 있긴 하지만 정작 우리에게는 그러한 목적이나 관심에 대한 윤곽만이 알려진다는 점에서 발생한다. 예컨대 우리가 언제나 음식에 관한 욕구, 즉 음식에 관한 일반적인 목적이 있다는 것을 알고 있긴 하지만 그것은 대체로 윤곽일 뿐이고 특정한 식사의 결정은 때가 되어야만 이루어진다. 이러한 식사의 결정은 우리의 상황이 허락하는 메뉴에서 행해지는 선택에 달려 있다.

이러한 여러 문제점에도 불구하고 장기적인 인생 계획에는 합리적 선택 원칙 가운데 하나인 포괄성의 원칙을 옹호하는 두 가지 고려 사항이 전제되어 있다. 하나는 어떤 사람이 느끼는 행복의 정도는 얼마나 자신의 목적을 성취했으며, 어느 정도나 자신의 계획을 실현했는가에 달려 있는 것으로 가정된다는 점이다. 그럴 경우 포괄성의 원칙을 따르면 그가 성취한 목적의 비율이 향상되어 결과적으로 그 사람의 행복은 증진된다. 다른 하나는 사람이란 포괄성의 원칙에 따르려고 하는 고차적인 욕구를 가지고 있는 것으로 가정된다는 점이다. 포괄적인 장기적 인생 계획에는 여러 능력이 복잡하게 결합하여 있다. 이 때문에 사람은 그러한 인생 계획을 선택하여 실현하고자 한다.

우리는 포괄성의 원칙, 더 큰 가능성의 원칙, 그리고 효과적인 수단의 원칙 등 합리적 선택 원칙을 하나로 결합해 인생 계획의 합리성을 다음과 같이 규정할 수 있다. 즉 다른 조건이 같다면 우리의 목적을 실현해 줄 가능성이 높은 쪽의 수단을 선택하는 것이 합리적이며, 또한 목적의 실현이 가능할 경우에는 더 폭넓고 다양한 관심을 계발해 줄 수 있는 쪽을 선호하는 것이 합리적이다. 그래서 합리적인 사람은 언제나 그의 상황이나 믿음, 현재의 주요한 욕구에 비추어서, 그리고 합리적 선택의 원칙에 근거하여 자신의 행동 계획을 선택한다.

(64) 숙고된 합리성

어떤 사람의 합리적 계획이란 그가 관련된 어떤 사실을 충분히 인지하고 예상되는 결과에 대해 신중하게 고려하는 숙고된 합리성deliberative rationality을 통해 선택하게 되는 최선의 계획을 말한다. 최선의 계획이란 어떤 개인이 충분한 정보를 소유하고 채택하는 객관적으로 합리적인 계획이다. 그리고 어떤 합리적인 사람이 이용할 수 있는 정보를 지니고 최선을 다하여 채택한 계획은 주관적으로 합리적인 계획이다. 그런데 어떤 사람이 자기가 무엇을 하는 것이 최선의 일이거나 만족스러운 일인가에 대해 생각하고 싶어 하지 않는 까닭에 조금만 고려했어도 피할 수 있었던 불행을 자초했다면 그런 사람은 불합리한 사람이다. 어떤 계획을 결정하는 사람은 일단 계획이 결정되었으면 그것을 고수하는 한편, 그 계획을 실현하는 데 방해가 되는 온갖 유혹과 방심을 물리쳐야만 한다.

우리가 어떤 계획을 선택하는 데 이용할 수 있는 시간과 관련된 원칙으로는 연기의 원칙, 연속성의 원칙, 그리고 상승적 기대치의 원칙이 있다. 연기의 원칙은 다른 조건이 같다면 우리가 합리적 계획에 관련한 사실에 대해 분명한 견해를 갖기 전까지는 그 계획의 수행을 보류할 것을 요구하는 원칙이다. 연속성의 원칙은 계획이란 본래 시간상의 행동 계열이므로 그 계획의 수행을 위해 전후의 행동이 서로 영향을 주고받을 수 있도록 결속하기를 요구하는 원칙이다. 이런 점에서 어떤 계획 전체에 통일성이 부여되고 지배적인 주제가 형성된다. 상승적 기대치의 원칙은 우리의 기대가 상승하는 경우나 심하게 하강하지 않는 경우에 발생하는 이득에 대해서도 고려해 볼 것을 요구하는 원칙이다. 다른 조건이 같다면 우리는 인생의 여러 단계 중 나중의 단계가 더 행복한 삶의 단계가 될 수 있도록 앞선 단계들을 적절히 처리해야 한다. 그러므로 우리의 기대가 상승하거나 하강하지 않는 계획을 세우는 것이 우리의 인생을 위해 바람직하다.

우리는 숙고된 합리성에 따라 행동할 때 두 가지 보장을 받게 된다. 첫째, 우리의 행위가 비난받지 않는다는 점이다. 둘째, 자기 인생의 전 시간에 걸쳐 있는 한 인간으로서 자기가 자신에 대해 책임진다는 점이다. 즉 '자아에 대한 책임의 원칙'을 준수할 수 있게 된다. 자아에 대한 책임의 원칙에는 두 가지 의미가 함축되어 있다. 하나는 자신의 현재 행동에 대해 나중에 자기 평가를 하게 될 날이 올 수 있으므로 미리부터 주의를 기울여야 한다는 의미이다. 다른 하나는 우리가 역경과 고난을 기꺼이 견뎌내야 한다는 의미이다. 그러나 우리가 역경과 고난을 통과하여 얻어내기를 기대한 선이나 성취된 선이 현재라는 시점에서 받아들일 정도는 되어야 한다.

(65) 아리스토텔레스적 원칙

인간의 선은 숙고된 합리성을 사용하여 선택한 합리적 인생 계획에 의해 결정된다. 사적인 애정과 우정, 의미 있는 일과 사회적 협동, 지식의 추구, 미적 대상의 형성과 관조 등 인간의 선이 지닌 가치는 우리의 합리적 인생 계획에서 차지하고 있는 비중이 높을 뿐만 아니라 대부분 정의가 허용하는 방식으로 실현된다. 그리고 이러한 가치는 그것들을 향유하고 있는 사람이 누구이든 그에게도 선이면서, 다른 사람의 선도 증진하게 해준다는 점에서 사회적인 상호 의존성을 가진다. 이런 의미에서 인간의 선은 서로 상보적인 선이며, 어떤 것이 인간의 선인가를 선정하는 일은 우리의 추천으로 이루어진다.

인간의 선에는 아리스토텔레스적 원칙Aristotelian Principle이 전제된다. 아리스토텔레스적 원칙이란 다른 조건이 같다면 사람은 생득적 능력이 되었든 훈련된 능력이 되었든 자신의 능력이 실현되는 것을 즐거워하며, 그런 능력이 실현될수록, 그리고 복잡성이 증대될수록 ―더 섬세하고, 정교한 분별력이 요구될수록― 그러한 즐거움도 증가하게 된다는 원칙을 말한다. 예컨대 우리가 장기보다는 체스를, 산술보다는 대수와 같은 복잡한 활동을 더 즐기는 이유는 이러한 활동이 우리에게 다양한 경험을 가져다주고, 새로운 것에 대해 우리의 욕구가 충족되도록 해주며, 우리의 창의력과 발명의 재능을 발휘할 수 있게 하고, 어떤 것에 대해 기대와 경이의 즐거움을 자아내게 하기 때문이다.

아리스토텔레스적 원칙은 다음 세 가지 주요한 특성을 포함한다. 첫째, 어떤 형태의 포괄성의 원칙을 포함하고 있다. 둘째, 동기 부여의 원칙이다. 셋째, 동반 효과를 포함하고 있다. 즉 우리가 다른 사람의 잘 훈련된 능력이 발휘되는 것을 목격할 경우 우리는 그것으로부터 즐거움을 느끼게 되며, 우리도 그렇게 하고 싶어 하는 욕구를 갖게 된다.

이상의 특성을 지닌 아리스토텔레스적 원칙에 대해 두 가지 정도의 반론이 제기될 수 있다. 하나는 아리스토텔레스적 원칙을 무시할 수도 있다는 반론이다. 그러나 이 원칙이 무시된다면 인간의 문화와 생활 방식은 무기력해지거나 공허하게 될 확률이 매우 높다. 아리스토텔레스적 원칙은 어떤 특정한 종류의 활동만이 선택되어야 한다고 주장하지 않는다. 다만 다른 조건이 같다면 우리의 능력을 더 많이 개발시킬 수 있는 더 복잡한 활동을 하는 종목을 선택하자고 주장할 뿐이다. 다른 반론은 아리스토텔레스적 원칙을 참이라고 생각해야 할 근거가 없다는 주장이다. 아리스토텔레스Aristoteles(B.C. 384~B.C. 322)의 주장에 따르면 우리 인간은 무엇인가에 대해 알고자 하는 욕구를 지닌다. 우리가 할 수 있는 한 어떤 종류의 활동이 되었든 우리는 좀 더 복잡하거나 힘이 드는 활동을 하고 싶어 하는 욕구를 가진다. 그러므로 아리스토텔레스적 원칙에 대한 두 번째 반론은 앎에 대해 인간의 욕구가 이미 주어져 있으며, 그러한 욕구가 계속 일어나고 있다는 사실을 간과하고 있는 주장에 불과하다.

아리스토텔레스적 원칙이 선의 이론에서 맡은 역할은 다음과 같다. 즉 그것은 어떤 일반적 사실이나 합리적 계획 등과 함께 우리의 가치 판단에 관련해 있는 심리학적 사실을 서술해주는 역할을 한다. 특히 아리스토텔레스적 원칙은 자존감과 관련하여 있으므로 공정으로서의 정의의 기초

가운데 하나인 도덕 심리학에서 중요한 위치를 차지한다.

66) 인간에게 적용되는 선에 대한 정의

원초적 입장에 토대를 두고 선의 기초론을 선의 완전론으로 발전시켜 나가는 일은 대단히 중요한 일이다. 우리의 선에 대해 내린 정의를 '좋은 인간'이나 '좋은 사회'라는 도덕적 가치의 문제에 확대 적용해 볼 수 있는데 이 중에서 좋은 인간이라는 도덕적 가치는 다음 세 가지 방식으로 정의된다. 첫째, 좋은 인간이란 시민이 서로에게 합리적으로 원하는 특성을 평균 이상으로 가진 사람을 말한다. 둘째, 좋은 인간이란 그가 맡은 여러 역할 중에서 중요한 것으로 여겨지는 역할을 잘 수행하는 사람을 말한다. 셋째, 좋은 인간이란 사람이 서로에 대해 합리적으로 원하는 광범위한 기반을 가진 특성이 평균적인 사람의 수준보다 높은 수준으로 유지되고 있는 사람을 말한다.

그런데 앞에서 말한 광범위한 기반을 가진 특성의 예로는 정의감과 같은 기본적 덕목, 지능과 상상력, 그리고 체력과 지구력 등의 자연적 자산이 있다. 자연적 자산은 교육과 훈련으로 개발되는 자연적 능력인 반면에 도덕적 덕목은 어떤 옳음의 원칙에 근거하여 행위하도록 하는 고상한 감정이자 습관적 태도를 말한다.

도덕적 가치의 결여 상태에 따라 사람의 종류를 정의롭지 못한 사람, 나쁜 사람, 그리고 악한 사람으로 나누어 볼 수 있다. 정의롭지 못한 사람the unjust man이란 부富와 안전 등 어떤 것에 적절한 제한을 가하여 그것을 합법적인 것으로 만들기 위해 지배권을 추구하는 사람이다. 나쁜 사람the bad man이란 과도한 권력의 행사를 통해 다른 사람에 대해 자기의 지배감을 즐기거나 사회적 명성을 추구하기 위해 자의적인 권력을 원하며, 또한 자신에 대해 다른 사람의 존경심과 자제심을 지나칠 정도로 욕구하는 사람이다. 악한 사람the evil man이란 자신의 우월성을 나타내고 다른 사람의 자존감에 모욕을 가하기 위해 그가 지니고 있는 정의롭지 못한 규칙을 과시적으로 사용하는 사람을 말한다. 그를 움직이게 하는 것은 정의롭지 못한 것에 대한 사랑이며, 그를 즐겁게 하는 것은 그에게 복종하고 있는 여러 사람의 무기력과 굴종이고, 그가 좋아하는 것은 그들을 의도적으로 끌어

내릴 수 있는 장본인이 바로 자기라는 사실을 그들이 인정하는 것이다.

우리의 선에 대해 내린 정의를 '좋은 행위'에도 확대 적용해 볼 수 있는데, 이 경우 '자선 행위', '선의의 행위', 그리고 '의무 이상의 행위' 등 세 가지 방식으로 정의될 수 있다. 자선 행위beneficent act로 여겨지는 좋은 행동이란 우리의 뜻에 따라 해도 되고 하지 않아도 되는 행위, 즉 자연적 의무와 책무 등 그 어떤 요구 사항이어도 우리가 그것을 하거나 하지 못하게 규제하는 일이 없는 행위라는 특성에 기초하여 다른 사람의 선을 증진하거나 증진할 의사를 지닌 행위로 규정된다. 선의의 행위benevolent action에 해당하는 좋은 행위란 다른 사람의 선을 위해 수행하는 행위로서 다른 사람이 어떤 선을 가지기를 바라는 욕구로부터 수행된다. 의무 이상의 행위supererogatory act에 속하는 좋은 행위란 선의의 행위를 수행한 결과 그것이 다른 사람에게는 많은 선을 가져다준 반면에 자기에게는 상당한 손실이나 위험이 초래되고 있음에도 계속하여 수행하는 행위로서 의무를 넘어 다른 사람의 선을 추구한다. 이상과 같이 선의 완전론은 '좋은 인간'과 '좋은 행동'에 대해 우리의 선에 대해 내린 정의를 적용하는 방식에서 보았듯 서로 다른 도덕적 가치를 구분해 줄 뿐만 아니라 그것들이 결여된 상태도 구분해 준다.

67) 자존감, 탁월성, 그리고 수치심

기본적 선 가운데 가장 중요한 선은 자존감self-respect이다. 자존감 혹은 자부심은 다음 두 측면으로 구성된다. 하나는 자존감이 자기 자신에 대해 가진 가치감과 자기의 가치관—자기의 인생 계획이 지닌 가치에 대해 형성한 확고한 신념—을 포함하는 측면이다. 다른 하나는 자존감이 자기가 의도한 것은 자기의 힘이 닿는 범위 내에서 성취한다는 전제 아래 갖는 자기 능력 안에 있는 자신감을 포함하는 측면이다.

자존감을 구성하는 두 측면 가운데 가치감을 유지해 주는 여건, 즉 가치감의 강화 조건에는 두 가지가 있다. 하나는 아리스토텔레스적 원칙을 만족하는 합리적 인생 계획을 가지고 있어야 한다는 조건이다. 다른 하나는 우리와 동등한 존경을 받고 있는 다른 많은 사람에 의해 우리의 인격과 행위가 평가되거나 인정되며, 그들이 속해 있는 집단은 그들이 행한 평가와 인정을 즐긴다는 사실을 알고 있어야 한다는 조건이다. 그리고 가치감과 자신감으로 구성되는 자존감에는 두 가지 조건이 있다. 하나는 사람이 자기 자신과 서로를 존중하려면 그들 사이의 공통된 계획이 합리적이며 상보적이어야 한다는 조건이다. 다른 하나는 자신이 소속된 단체 속에서 갖게 되는 유대 관계가 자신감을 강화해 준다는 조건이다. 그러므로 우리에게는 각자가 속해 있는 곳에서 행한 수많은 노력이 각자의 동료로부터 인정받을 수 있는 이른바 공유된 이해관계를 가진 공동체가 하나 정도는 반드시 있어야 한다.

이상의 논의로부터 자존감이 기본적 선으로 여겨질 수밖에 없는 명백한 이유가 드러난다. 즉 우리에게 자존감이 없다면 어떤 것이 되었든 우리가 추구할 만한 가치가 없는 것으로 보일 것이며, 어떤 것이 우리에게 가치가 있다손 치더라도 정작 그것을 추구하려는 우리의 의지가 결여될 수밖에 없을 것이다. 따라서 원초적 입장의 모든 당사자는 어떤 대가를 치르는 한이 있더라도 사회적 조건이 자기들의 자존감을 침해하는 일을 막으려 든다. 자존감은 탁월성이나 수치심과 관련하여 논의할 필요가 있다.

탁월성이란 모든 사람이 합리적으로 가지기를 바라는 인간의 특성이자 능력이다. 탁월성은 우리의 숙달감, 즉 그 무엇에 정통한 감각을 향상하게 해주어 우리의 인생계획이 더 만족스럽게 실현되도록 한다. 동시에 우리의 동료는 우리의 탁월성으로 여겨지는 인간의 특성이나 능력을 좋게 평가하게 되며, 그들이 우리의 인격이나 하는 일에 대해 즐거워하면 우리의 자부심은 고양된다. 그러므로 탁월성은 인간의 발전을 위한 조건이자 모든 사람에게 선이 된다. 이때의 선은 '배타적 선'이 아닌 '공통적 선'에 해당한다. 배타적 선이란 일용품이나 재산 품목 등 그것을 소유하거나 이용하고 있는 사람에게만 선인 것을 말한다. 공통적 선이란 상상력과 기지, 미와 기품, 여타의 자연적 자산과 인간의 능력 등 우리와 다른 사람에게도 공통으로 선인 것을 말한다. 이러한 두 부류의 선 가운데 공통적 선이 탁월성을 구성한다. 이로부터 탁월성이 자존감의 조건과 각자의 가치에 기초하고 있는 자신감과 관련된 사실이 드러난다.

수치심이란 어떤 사람이 자기의 자존감에 상처를 입거나 자부심에 타격을 받아 생기는 감정이다. 수치심과 관련하여 살펴보아야 할 감정으로 후회감이라는 감정이 있다. 후회감이란 우리가 아무런 사려도 하지 않거나 부주의하게 어떤 일을 하여 그것이 우리에게 손해로 돌아온 것에 대해 후회하는 감정을 말한다. 예컨대 우리가 놓친 기회, 함부로 써버린 수단, 그리고 자기의 가치감 상실 등으로부터 생기는 감정이 후회감에 속한다. 그런데 후회감은 우리에게 선인 것을 상실하거나 그것이 없어서 발생하는 일반적 감정이며, 반면에 수치심은 자존감이라는 특수한 종류의 선에 가해진 타격으로부터 야기되는 감정이다.

수치심의 종류로는 자연적 수치심과 도덕적 수치심이 있다. 자연적 수치심은 우리에게 어떤 탁월성이 없거나 그것을 제대로 발휘하지 못하여 우리의 자존감이 손상되었을 때 생긴다. 또한 자연적 수치심은 우리에게 있는 인간적 결점으로부터 발생한다. 우리의 인생 계획은 우리가 어떤 것을 자연적 수치로 여겨야 하는가를 결정해주는 기준이다.

이 때문에 자연적 수치감은 우리가 지닌 야망, 우리가 하려고 하는 것, 그리고 우리가 친구로 삼고 싶어 하는 사람 등과 깊은 관련이 있다. 도덕적 수치심은 어떤 사람이 그의 인생 계획을 위해 요구하거나 권장하고 있는 인격적 탁월성이라는 덕목을 소중한 것으로 인식할 경우에 발생한다. 그래서 자기의 인격적 속성으로서 인격적 탁월성이 없다는 것을 드러내거나 폭로하는 행동과 특성에서 도덕적 수치심이 유발된다. 또한 자기에게 그러한 속성이 결여된 것에 대해 의식하거나 회상할 때 똑같은 수치심이 발생한다.

　도덕적 수치심과 죄책감을 비교해보면 둘 다 우리가 옳음과 정의의 제1원칙을 받아들이고 있다는 사실을 감정적으로 표현하고 있다는 점에서 공통점을 지닌다. 그러나 양자는 그것들이 발생하는 이유에서 차이점이 드러난다. 예컨대 남을 속였거나 자기의 의무를 저버리고 비겁하게 항복한 사람이 죄책감과 도덕적 수치심 모두를 느꼈다고 가정해보자. 이런 경우 죄책감은 자기가 옳음과 정의감에 반하는 행위를 했으므로 다른 사람이 자기에게 정의로운 방식으로 분노나 보복을 가할 것이라는 두려움 때문에 발생

232

한다. 도덕적 수치심은 자신의 행위를 통해 선의 일종인 자제심을 발휘하지 못한 결과 자기의 가치감을 인정해주던 동료에게 자기의 무가치한 모습만을 보여주어 배척받거나 조소의 대상으로 경멸당하게 될 것이라는 두려움 때문에 발생한다.

(68) 옳음과 좋음 사이의 몇 가지 대비

도덕 이론에서 가장 중요한 세 가지 개념은 옳음(정당성, 정의) 좋음(선), 그리고 도덕적 가치라는 개념이다. 일반적으로 윤리설의 구조는 옳음과 좋음을 어떻게 관련지으며, 그것들 사이의 차이점을 어떻게 규정하느냐에 따라 달라진다. 그러므로 사회계약론의 구조적 특성 역시 옳음과 좋음 사이의 몇 가지 대비를 통해 드러낼 수 있다.

옳음과 좋음은 크게 세 가지 점에서 대비된다. 첫째, 정의의 원칙 혹은 옳음의 원칙은 원초적 입장에서 선택되나 합리적 선택의 원칙과 숙고된 합리성의 기준은 원초적 입장에서 아예 선택되지 않는다는 점이다. 합리적 선택의 원칙은 합의의 대상이 아니다. 우리 각자의 의도가 정의의 원칙에 부합하면 우리가 무엇을 하든 각자 원하는 대로 자유롭게 인생 계획을 세울 수 있다. 그러므로 합리성의 기준에 관해 만장일치는 필요 없다. 즉 만장일치가 될 수 있는 선(좋음)—여기서는 합리성—의 입장을 내세워야 할 필요가 없다. 둘째, 일반적으로 개인이 지닌 좋음(선)의 입장이 서로 현저하게 다른 것이 좋은 데 반해서 옳음의 입장은 그래서는 안 된다는 점이다. 질서 정연한 사회의 시민은 똑같은 옳음의 원칙에 근거하여 같은 판단을 내리고자 노력한다. 이러한 원칙에 의해 사람 사이에 발생하는 대립적 요구에 최종적인 서열이 정해진다. 반면에 개인의 선은 이와는 다른 방식으로 찾아야 하며, 다른 사람에게는 선이 아니더라도 어떤 사람에게는 선이 되는 것이 얼마든지 있다. 셋째, 정의 원칙의 적용은 무지의 베일에 의해 규제되나 인간의 선이 평가를 받으려면 사실에 대해 충분한 지식에 의존해야 한다는 점이다. 정의의 원칙은 어떤 특정한 정보가 없는 상태에서 선택해야 한다. 이러한 원칙이란 헌법과 기본적 사회 체제를 기획하고, 법률과 정책을 결정하는 데 사용하는 것이므로 이와 유사한 원칙의 제약에 근거하여 그것들을 기획하거나 결정해야 한다. 반면에 개인이 지닌 선의 입장은 처음부터 그의 처지에 따라 조정된다. 그러므로 우리의 특수한 능력, 관심, 그리고 여건 등을 고려하여 세워진 합리적 인생 계획이 우리의 사회적 지위와 자연적 자산에 의존하는 것은 당연한 일이다.

옳음과 좋음에 대한 이상의 대비로부터 계약론과 공리주의의 차이점도 극명하게 드러난다. 첫째, 공리주의적 원칙은 선을 합리적 욕구의 만족으로 이해하며, 이런 의미의 선을 극대화하려고 한다. 그러나 우리가 합리적 선택의 원칙에 근거한다고 해서 그것이 우리에게 최선의 계획을 명기해 주는 것도 아니며, 오히려 계획의 많은 부분이 불확정적인 것으로 될 가능성이 매우 높다. 반면에 공정으로서의 정의에서는 이러한 불확정성이 결코 난점이 되지 않는다. 왜냐하면 어떤 계획의 구체적인 내용에 의해 어떤 것의 옳음이나 정당성이 획득되는 일은 없기 때문이다. 합리성이라는 개념에 내포된 불확정성은 옳음의 우선성에 의해 해소된다. 둘째, 공리주의자는 어떤 계획에 내재한 불확정성에 의해 허용된 선호의 형태가 일상적인 의미의 부정의가 될 수도 있다는 점을 인정해야 한다. 예컨대 어떤 종교적이거나 성적인 관행에 대해 대부분의 사람이 혐오감을 가진다고 가정해보자. 이러한 관행이 시행되어 다수자의 분노와 증오를 일으켰을 때, 그러나 사실상 관행의 시행으로 야기된 사회적 해악이 전혀 없어도, 공리주의가 다수자의 욕구를 최대로 채워줘야 한다는 이유를 들어 그것에 대해 가혹하게 억압적인 조치를 했다면 그러한 조치는 결코 정당화될 수 없다. 이와 달리 공정으로서의 정의에서는 이러한 문제가 전혀 발생하지 않는다. 아무리 다수자가 지닌 강한 신념일지라도 그들의 신념이 정의의 원칙에 기초를 두고 있지 않은 한 그것은 그저 단순한 선호에 불과하며, 아무런 비중도 갖지 못한다. 계약론은 현존하는 사회적 감정과는 상관없이 정의로운 제도를 설립하고자 할 뿐이다.

제8장 정의감

8장에서는 공정으로서의 정의가 가진 안정성의 문제가 다루어진다. 이를 위해 질서 정연한 사회의 구성원이 정의감을 습득하게 되는 도덕 발달 과정이 제시되고, 아울러 정의감이 서로 다른 도덕적 입장에 의해 규정될 경우 각각의 입장에 따른 도덕적인 고상한 감정moral sentiments의 강도에 대한 비교 논의가 이루어진다. 또한 호혜성의 원칙으로서 도덕 심리학의 원칙과 상대적 안정성의 문제를 관련시키려는 논의도 도입된다. 마지막으로 평등의 자연적 기초에 대한 설명이 제공된다.

(69) 질서 정연한 사회의 개념

질서 정연한 사회는 그 사회를 구성하고 있는 사람의 선을 증진하기 위해 세워진 사회이며, 공공적 정의관으로 규제받는 사회이다. 이러한 사회의 특징으로는 다음 두 가지가 있다. 하나는 사회 안에 있는 모든 사람이 다른 사람도 자기들과 마찬가지로 똑같은 정의의 원칙을 받아들일 것이라는 사실을 알고 있다는 점이다. 다른 하나는 사회 안에 있는 기본적 제도가 정의의 원칙을 만족하게 해주고 있다는 사실이 알려져 있다는 점이다. 이상 여러 특징에 질서 정연한 사회가 시간상으로 지속하리라는 보장이 주어질 때 그 사회를 규제하는 공공적 정의관은 안정성을 획득하게 된다.

그런데 공공적 정의관이 안정성을 확보하고 있다고 해서 질서 정연한 사회의 제도와 관행에 아무런 변화가 없는 것은 아니다. 질서 정연한 사회는 여러 가지 다양성을 내포한 사회이며, 수시로 체제를 바꿀 수도 있는 사회이기 때문이다. 이런 점에서 볼 때 안정성이란 아무리 제도가 변할지라도 그 제도가 사회적 여건에 맞도록 새롭게 조정되며, 이로부터 정의롭거나 대단히 정의로운 상태에 있게 된다는 것을 의미한다. 부득이하게 정의에서 벗어난 점이 있다면 수정되거나 체계 내의 힘이 용납하는 범위 내에서 잔존하게 된다. 이러한 힘 중에서 기본적 역할을 하는 것이 정의감이다. 그러므로 정의의 관점에서 사회의 기본적 구조의 안정성이 보장되려면 정의감 같은 도덕적인 고상한 감정이 있어야 한다. 도덕적인 고상한 감정의 형성이론, 즉 도덕적 학습이론을 대표하는 이론으로 크게 경험론에서 유래한 입장과 합리주의에서 유래한 입장이 있다.

경험론에서 유래한 입장으로는 흄으로부터 시지윅에 이

르는 공리주의자들의 주장과 가장 최근의 사회학습이론 social learning theory이 있다. 이들의 주장에 의하면 도덕 교육의 목적은 옳은 것을 행하고 그른 것을 행하지 않으려는 욕구를 제공하는 데 있다. 옳은 행위란 일반적으로 다른 사람이나 사회에 이로운 것인데도 흔히 우리에게는 그렇게 행위하고자 하는 효과적인 욕구가 결여되어 있다. 이에 반해 그릇된 행위란 일반적으로 다른 사람이나 사회에 해로운 것인데도 흔히 우리에게는 그러한 행위를 하려고 하는 충분한 동기가 있다. 사회는 어떻게든 이와 같은 인간의 도덕적 결함을 고쳐주어야만 한다. 이것은 부모나 권위 있는 다른 사람의 시인과 비난을 통해 이루어지거나 보상과 형벌을 사용할 수도 있다. 이런 식으로 우리가 여러 가지 심리적 과정을 거치는 동안에 옳은 것을 행해야 한다는 욕구와 그른 것을 행해서는 안 된다는 혐오를 배우게 된다.

그런데 옳은 것을 행해야 한다는 욕구처럼 도덕적 기분에 따르려고 하는 욕구는 보통 우리가 어떤 도덕적인 규범이 가진 정당한 근거에 대해 알기도 전에 생긴다. 어린 시절의 도덕 학습 훈련이 남기는 흔적은 이후 우리가 도덕적인 고상한 감정을 형성하는 데 영향을 준다. 프로이트 Sigmund Freud(1856~1939)의 이론도 주요한 관점에서는 이와 유사하다. 그러나 롤즈가 볼 때 권위를 지닌 부모나 다른 사람은 그릇된 방식이나 자기 본위로 칭찬과 비난을 하거나 보상과 처벌을 한다. 이런 이유로 아직 검토되지 않은 우리의 초기의 도덕적 태도는 부당하거나 불합리할 가능성이 크다. 그러므로 우리가 최종적으로 받아들이게 될 어떤 적절한 원칙의 견지에서 우리에게 있는 부당하거나 불합리한 도덕적 태도를 수정해야만 한다. 그렇게 해야 우리의 도덕적 발전이 가능하다.

합리주의에서 유래한 견해로는 루소, 칸트, 때로는 밀, 그리고 피아제 Jean Piaget(1896~1980)의 이론이 있다. 경험론에서 유래한 입장이 도덕 학습을 우리에게 결여된 도덕적 동기를 제공하는 문제로 본 것과는 다르게 합리주의에서 유래한 견해는 도덕 학습을 우리가 본래 가지고 태어난 지적·정서적 능력을 자연적 성향에 맞춰 자유롭게 발전하게 하는 문제로 본다. 이러한 전통에서는 우리의 사회적 본성─다른 사람에 대한 자연적 동정심이나 동료감 그리고 자제심으로부터 오는 즐거움을 받아들이는 생득적 감수성 등—을 완전히 이해하는 힘이 자연적으로 성숙한 것을 도덕적 감정으로 여긴다. 밀의 주장에 의하면 우리의 감정이 여러 동료의 감정과 일치하지 않을 때 우리는 고통을 느끼게 되며, 이러한 사회성의 경향이 적절한 과정을 통해 우리의 도덕적인 고상한 감정을 형성하는 견고한 기초를 제공한다. 합리주의적 전통에서 볼 때 우리의 본성으로부터 발현된 정의의 원칙은 우리의 사회적 감수성(도덕적인 고상한 감정)을 실현해줄 뿐만 아니라 우리를 더 광범위한 선에 노출해서 우리의 내면에 있는 속 좁은 충동이 통제될 수 있도록 한다.

70) 권위적 도덕

도덕 발달 과정의 제1단계는 권위적 도덕의 단계이다. 유아의 도덕은 권위적 도덕의 가장 원초적 형태이며, 정의감은 어린아이가 성장해가면서 점진적으로 습득하게 되는 것이다. 한 세대가 다음 세대로 연속하여 이어지는 것과 어린이에게 도덕적 태도를 가르치는 것은 인간 생활에 필요한 여러 조건 가운데 일부가 된다.

유아는 합당한 권위를 지닌 부모에게 최초로 예속된다. 어린이는 부모의 권위로 제시된 도덕적 신조와 권고의 타당성을 평가할 만한 능력이 아직은 없다. 또한 그는 부모가 지도하는 내용에 대항할 만한 근거가 되는 지식과 이해력도 아직은 없다. 어린이는 부모가 먼저 사랑을 줄 경우에만 부모를 사랑한다. 그래서 유아가 행동하게 되는 일차적 동기는 어떤 본능과 욕구에 의해 유발되며, 그의 행동 목적은 합리적인 자기 이익에 있다. 내가 아닌 다른 사람을 사랑한다는 것은 내가 그 사람의 욕구와 필요에 관심을 기울이고 있으며, 그 사람의 인격적 가치감을 긍정하고 있다는 것을 의미한다. 이런 점에서 볼 때 어린이에게 주는 부모의 사랑은 결국 부모에게 보내는 어린이의 사랑으로 되돌아오게 된다. 심리학적 원칙으로도 어린이에게 주는 부모의 명백한 사랑은 때가 되면 어린이에게 새로운 사랑을 불러일으킨다.

어린이가 그의 부모를 사랑하고 신뢰하게 되면 어린이는 부모의 도덕적 권고를 수용하는 경향을 가진다. 그럴 경우 그가 어떤 유혹에 넘어가 비행을 저지르게 되었을 때 자신의 비행에 그의 부모가 가진 태도와 같은 의미의 태도를 공유하는 성향을 보인다. 이런 아이는 저지른 범행을 고백하고 화해를 구하고 싶어 하는 성향을 가진다. 이들 성향에는 부모의 권위를 어긴 것에 대한 죄책감이 포함되어 있다. 이와 같은 감정이 없다는 것은 부모에게 가진 사랑과 신뢰가 결핍되어 있다는 것을 나타낸다. 어린이가 부모의 도덕적 권고에 따르지 않을 경우 부모에게 가진 사랑과 신뢰로부터 죄책감이 싹트기 때문이다.

어린이가 도덕을 학습하는 데 유리한 조건으로 다음 두 가지가 있다. 첫째, 부모는 어린이를 사랑해야 할 뿐만 아니라 아이의 존경을 받을 만한 사람이 되어야 한다. 이 첫 번째 조건은 아이의 가치감을 형성해주고, 아이가 자기의 부모와 닮은 사람이 되려고 하는 욕구를 유발해준다. 둘째, 부모는 어린이가 이해할 수 있는 수준에서 분명하고도 이해 가능한 규칙을 명확히 말해주어야 한다. 이 두 번째 조건은 부모 역시 같은 도덕적 신조에 따라야 할 것을 함축한다. 그래서 부모는 아이에게 부과한 도덕을 모범적으로 준수하고, 시간이 흘러 아이가 성장해감에 따라 행동의 근거가 되었던 원칙을 분명히 밝혀주어야 한다.

부모의 권위를 중심에 두고 있는 도덕은 마땅히 옳음이나 정의의 원칙에 종속되어야 한다. 이러한 원칙만이 복종, 겸양, 그리고 권위적인 사람에 대한 충실성 등과 같이 지나친 요구 사항으로 어린이가 받는 제약을 정당화해준다.

71) 공동체적 도덕

도덕 발달 과정의 제2단계는 공동체적 도덕의 단계이다. 공동체적 도덕은 개인이 속해 있는 여러 조직체에서 그가 맡은 역할에 알맞은 도덕적 기준에 의해 주어진다. 이것은 우리가 나이 들어가면서 선정하게 될 이상, 성인으로서의 지위, 직업, 가정에서의 위치, 그리고 사회의 구성원으로서의 지위 등으로 확대되어 나간다.

한 개인의 경우를 놓고 볼 때 그는 어떤 적절한 경로를 통해 전체 협동 체계라는 입장에 의해 한 공동체가 힘을 다하여 추구하는 목적이 규정된다는 사실을 알게 된다. 또한 그는 다른 사람이 협동 체계 내의 위치에 따라 서로 다른 본분을 갖게 되는 것도 알게 된다. 이러한 사실에 근거하여 그는 다른 사람의 입장과 관점에서 사태를 보는 방법을 배우게 된다. 그래서 우리가 공동체적 도덕을 습득하려면 먼저 사태를 다양한 관점에서 바라볼 줄 알아야 한다. 그러한 모든 관점이 합해져야 협동 체계의 여러 측면이 기술될 수 있는 것이므로 이것에 필요한 우리의 지적 능력을 발달시켜야 한다.

우리에게 요구되는 지적 능력은 서로 결합해야 하는데 그렇게 하려면 다음 네 가지의 자세가 필요하다. 첫째, 우리는 서로 다른 입장이 존재하고 있으며, 다른 사람의 관점과 우리의 관점 역시 다르다는 것을 인정해야 한다. 둘째, 우리는 똑같은 사태일지라도 우리와 다른 입장에 서 있는 사람이 바라보는 시각에는 차이가 있으며, 그가 우리와 다른 욕구, 목적, 그리고 계획과 동기를 지니고 있다는 사실을 배워야 한다. 또한 우리가 이러한 사실을 그가 사용하는 언사나 행위와 표정 등을 통해 알아차리는 방법을 배워야 한다. 셋째, 우리는 서로 다른 관점이 지닌 각각의 특징을 확인해보아야 한다. 즉 다른 사람이 무엇을 원하고 있는지,

그리고 어떤 것이 그 사람의 지배적 신념이거나 의견인지를 확인해보아야 한다. 우리는 이러한 확인 행위를 통해 우리와 다른 관점을 견지하고 있는 사람의 행위, 의도, 그리고 동기 등을 이해하거나 평가하게 된다. 넷째, 우리가 실제로 다른 사람의 관점이 무엇인지 알고 있으며, 다른 사람의 상황을 이해하게 되더라도, 이상에서 제시한 것들을 참조하여 우리의 행위를 적절한 방식으로 규제해야 한다.

우리가 다른 사람을 우리 자신과 똑같은 인격을 지닌 사람으로 지각하는 ―다른 사람의 신념, 의향, 그리고 감정을 분간하고, 다른 사람의 입장이 되어보는― 이른바 사람을 알아보는 기술의 학습 정도는 우리의 도덕적 감수성에 영향을 미치며, 사회 협동체가 지닌 복잡한 사항을 이해하는 데도 필요한 주요 요소가 된다. 그런데 공동체적 도덕은 우리의 지적 능력 외에도 정서적 능력 가운데 하나인 동료감의 능력을 요구한다.

동료감의 능력은 제1의 심리학적 법칙, 즉 부모에게 가진 사랑과 신뢰의 형성에 관련이 있는 법칙에 따라 우리가 동료에게 애정을 가질 때 개발된다. 그리고 우리가 의무와 책무에 따라 살아가듯 우리의 동료 역시 명백하게 그럴 경우 우리는 동료에게 신뢰, 확신감, 그리고 우호감 등을 가진다. 이것이 바로 제2의 심리학적 법칙, 즉 동료에게 우호와 상호 신뢰를 형성하게 하는 법칙이다. 그래서 사회 협동 체계에 참여한 모든 사람이 분명한 의향을 지니고 정의로운 규칙이나 공정한 규칙을 준수하게 되면 그들 사이에 우정과 상호 신뢰라는 유대감이 형성되어 체계 결속력을 한층 강화해준다. 이러한 유대감의 확립은 사람이 자기의 본분을 다하지 못했을 때 공동체에 갖게 되는 죄책감을 불러일으킨다. 공동체에 죄책감이 없는 사람은 우정과 상호 신뢰라는 유대감을 지니고 있지 않으며, 다른 사람에게 전가한 부담에 대해 아무런 양심의 가책도 없으며, 남을 속인 결과로 자기의 신용을 잃어도 전혀 걱정하지 않는다.

공동체적 도덕의 내용은 정의와 공정, 충실성과 신용, 그리고 정직과 공평 등의 협동적인 미덕으로 특징지어진다. 이에 반하는 전형적인 악덕으로는 탐욕과 불공정, 부정직과 사기, 그리고 편견과 편애 등이 있다.

72) 원리적 도덕

공동체적 도덕은 평등한 시민이라는 이상으로 표현된다. 이러한 시민 가운데 형태상 더 복합적인 수준에 있는 공동체적 도덕의 형태에 도달한 사람은 고차적 원리(예컨대 정의의 원칙)자체에 애정을 갖게 되며, 이런 애정으로부터 자신이 좋은 사람이 되기를 바라는, 특히 여기에서는 정정당당한 사람이 되기를 바라는 마음이 자리하게 된다. 이러한 과정을 거쳐 우리는 도덕 발달 과정의 제3단계인 원리적 도덕의 단계에 이르게 된다. 우리가 부모에게 가진 사랑과 신뢰, 동료에게 가진 우호와 상호 신뢰를 형성하게 되면 우리 자신과 우리가 관심이 있는 사람 모두가 정의로운 제도의 수혜자라는 사실을 인정하게 될 것이고, 이로부터 그 제도에 상응하는 정의감이 발생하게 된다. 이것이 정의감의 발생을 설명해 주는 제3의 심리학적 법칙이다.

우리에게 정의감이 나타나는 방식으로 다음 두 가지를 들 수 있다. 첫째, 정의감은 우리 모두에게 적용되며 이득을 주는 정의로운 제도를 우리가 받아들이게 하는 방식으로 나타난다. 둘째, 정의감은 우리가 정의로운 제도를 설립하고, 정의의 요구가 있을 경우 현존하는 제도를 개혁하거나 혹은 개혁에 반대하지 않게 하는 방식으로 나타난다. 정의감이 나타내는 이러한 성향은 우리의 선을 뒷받침해주는 어떤 특정한 체계를 지지해주는 역할에 국한되지 않는다. 정의감은 특정한 체계가 구현하고 있는 입장을 넘어 그 이상의 상황으로 ㅡ공동체의 선을 더 광범위한 방향으로ㅡ 확장될 수 있도록 그 입장을 확대해준다.

우리가 정의감에 어긋나는 행위를 하였을 때 우리에게 생긴 죄책감은 정의의 원칙에 근거하여 설명된다. 죄책감과 같은 감정은 우리가 도덕 원칙(정의의 원칙)의 제약을 받아들이기 때문에 발생한다. 우리의 감정이 도덕 원칙의 제약을 받아들이는 이유로 다음 네 가지가 있다. 첫째, 도덕 원칙에는 어떤 내용이 들어 있다. 즉 그것에는 인간의 이익을 증진해주는 방식을 합의에 따라 규정한 내용이 들어 있다. 그래서 우리가 제도와 행위에 대해 평가할 때 평가는 도덕 원칙에 포함된 내용을 달성하고자 하는 관점에서 이루어진다. 둘째, 정의감은 인류애와 연결되어 있다. 인류애는 정의감과는 달리 의무나 책무 등의 도덕적 요구 사항을 넘어선 것이긴 하나 이 두 개의 고상한 감정의 대상은 밀접한 관계에 있으며, 일반적으로 같은 정의관에 근거하여 규정될 수 있다. 예컨대 우리가 사랑하는 많은 대상 사이에 대립이 발생하면 인류애의 한 덕목인 자비심만으로는 그 해결책을 강구하는 것이 어렵다. 그럴 경우 정의의 원칙은 자비심에서 기인하는 난점을 해소하는 지침을 제공해줄 수 있다. 셋째, 사람이 정의의 원칙에 근거하여 행위하는 것은 자신의 본성을 자유롭고 평등한 합리적 존재로 표현하고 있는 것과 같다. 이러한 주장은 정의감의 개념 속에 이미 함축되어 있다. 정의감은 각 계층을 대표하는 여러 합리적 개인이 합의한 원칙에 따라 행동하고자 하는 욕구이며, 인간의 본성을 자유롭고 평등한 합리적 존재로 표현하고 있는 원칙에 따라 행동하고자 하는 욕구이기 때문이다. 넷째, 우리에게는 모든 사람이 인정하는 공정한 조건 아래에서 다른 사람과 함께 살고자 하는 바람이 있다. 이것은 우리가 정의의 원칙에 근거한 규제를 스스로 받아들여야 한다는 것을 의미한다. 우리가 정의의 원칙에 따라 행위 하면 그것은 우리에게 선을 가져다준다. 그러나 그 원칙에 따라 행위하고자 하는 욕구인 정의감이 없다면 다른 사람과 함께 살고자 하는 우리의 희망을 발현해 줄 시민적 우정은 아예 찾아볼 수 없게 된다.

원리적 도덕의 형식은 크게 두 가지로 나누어진다. 하나는 옳음이나 정의감에 상응하는 원리적 도덕의 형식이다. 이러한 도덕의 형식에는 권위적 도덕과 공동체적 도덕에 포함된 모든 덕목이 들어 있다. 다른 하나는 인류애와 자제심에 해당하는 원리적 도덕의 형식이다. 인류애는 자연적 의무와 책무를 넘어선 방식으로 공동선을 증진할 때 드러난다. 인류애에 속하는 덕목으로 자비심, 다른 사람의 감정이나 필요에 대해 가지는 고도의 감수성, 적절한 겸손과 자아에 대해 가지는 무관심 등이 있다. 그리고 자제심이나 자제의 도덕은 옳음이나 정의가 요구하는 사항을 흠잡을 데 없이 기품 있게 수행해낼 때 드러난다. 어떤 개인이 장기간의 교육과 훈련을 전제로 하는 행위를 수행했으며, 그 행위에서 용기, 관대함, 그리고 자제력 등이 드러날 때 자제심은 의무 이상의 도덕이 된다.

73) 도덕적인 고상한 감정의 특징

고상한 감정sentiment이라는 말은 정의감이나 인류애, 그리고 특정한 개인과 단체에 가진 지속적인 애정 등의 말에 사용한다. 여기에서 정의감과 인류애는 도덕적인 고상한 감정으로, 지속적인 애정은 자연적인 고상한 감정으로 분류된다. 그리고 도덕적 감정moral feeling이나 도덕적 정서moral emotion라는 말은 우리가 어떤 특정한 경우에나 경험하는 도덕적인 개별적 감정이나 정서를 말할 때 사용한다. 여기에서 도덕적인 고상한 감정은 영속적으로 질서 지워진 지배적 성향의 감정이라는 특성을 갖는 반면, 도덕적 감정은 상황에 따른 개별적이고, 특정한 감정이라는 특성을 지닌다. 롤즈는 양 개념 사이의 차이를 명확히 구분하면서도 사실상 거의 같은 의미로 사용하고 있다.

일반적으로 어떤 사람이 자신의 경험을 도덕적 개념이나 그것과 관련된 원칙에 근거하여 설명하는 것은 우리의 도덕적 감정이 가진 필수적 특성이다. 우리는 모두가 인정하는 옳음과 그름에 따라 자신의 감정을 도덕적 측면에서 설명하려는 성향을 가진다. 그래서 우리는 어떤 도덕적 감정을 원초적 입장에서 선택한 옳음의 원칙에 근거하여 설명하려고 하며, 또 다른 도덕적 감정을 선의 개념과 관련지어 설명하려고 한다.

말하자면 어떤 사람은 어떤 정의로운 체계가 규정하고 있는 몫 이상으로 자신의 몫을 가지고 있다거나 다른 사람을 불공정하게 대우했다는 이유로 죄책감을 느낄 수도 있다. 죄책감을 느끼는 사람은 자신을 향하는 다른 사람의 분노와 의분, 이로부터 발생할 수 있는 불확실한 상황에 염려한다. 또 어떤 사람은 자기가 비겁하게도 진실을 폭로하지 못한 까닭에 수치심을 느낄 수도 있다. 그런 사람은 자신에게 가해질 수 있는 조소와 경멸을 예감하게 된다. 혹은 하나의 행동이 동시에 여러 가지 도덕적 감정을 불러일으킬 수도 있다. 예컨대 남을 속인 사람은 죄책감과 수치심을 동시에 느낄 수 있다.

그런데 죄책감은 보상이나 화해를 허락하는 용서 때문에 누그러지며, 수치심은 그것을 느낀 사람 본인이 자신의 결점이 보완되었다는 것을 입증하거나 다른 사람에 의해 그의 인격의 탁월성에 주어지는 신뢰가 회복될 때 비로소 사라진다.

일반적으로 죄책감·분노·의분 등은 옳음(정의)의 개념과 관련이 있으며, 이것들은 의무감과 책무감에 관한 문제로 확장된다. 반면에 수치심·경멸·조소 등은 좋음(선)의 개념과 관련이 있으며, 이것들은 적절한 자긍심과 자기의 가치감에 관련된 문제로 확대된다.

74) 도덕적 태도와 자연적 태도 사이의 관련성

어린이가 지닌 자연적 태도, 예컨대 권위를 가진 사람에게 어린이가 보내는 사랑과 신뢰는 어린이가 자기에게 내려진 도덕적 권고를 어겼을 때 죄책감을 느끼게 한다. 이와 같은 도덕적인 감정이 없다는 것은 자연적인 유대감도 없다는 것을 의미한다. 마찬가지로 공동체의 구성원이 가진 자연적인 태도, 예컨대 우정과 상호 신뢰는 공동체가 요구하는 의무와 책무를 수행하지 못했을 때 죄책감이 일어나게 한다. 이러한 감정이 없게 되면 공동체에 대한 애정도 없게 된다. 이로부터 자연적 태도와 도덕적인 고상한 감정 사이에는 긴밀한 관계가 있다는 것을 알 수 있다. 즉 도덕적 감정이 없으면 자연적 유대감이 없게 되고, 자연적 애정이 존재하면 도덕적 정서가 일어난다. 그리고 양심의 가책이나 죄책감, 의분 등을 느끼는 우리의 성향은 우리 곁에 다른 사람이 있는 것을 즐거워하고, 그 사람이 겪고 있는 고통에 슬퍼할 줄 아는 우리의 성향에 비례하여 사랑이라는 자연적 태도와 심리적으로 밀접히 관련된다.

정의감이 결여된 사람(자기 이익이나 자기 편의가 아니라면 정의의 요구에 따르지 않는 이기적인 사람)에게는 우정이나 애정, 그리고 상호 신뢰 등의 유대감이 형성되지 않으며, 분노나 의분 등을 경험할 능력조차 갖추지 못하게 된다. 그런 사람은 일정한 자연적 태도와 도덕적 감정이 결여되어 있다. 다시 말해 정의감이 없는 사람은 인간성의 개념에 포함되는 어떤 근본적인 태도와 능력을 결여한 사람이다. 덧붙여서 인간성이라는 개념 일부를 구성하는 것으로 굴욕감과 수치심을 들 수 있다. 우리가 굴욕감과 수치심에 빠지는 경향이 있다는 것은 우리가 탁월성이라는 목적이나 이상에 근거하여 움직이고 있다는 점을 함의한다. 반대로 우리가 굴욕감과 수치심에 빠지는 경향이 없다는 사실은 우리가 탁월성이라는 목적이나 이상에 근거하여 움직이지 않고 있다는 것을 함축한다. 이런 이유로 굴욕감과 수치심은 인간성이라는 개념 일부를 구성한다.

이상의 논의는 도덕적인 고상한 감정이 인간 삶의 정상적인 일부를 구성하고 있다는 사실을 알려준다. 우리가 자연적 태도를 버리게 되면 우리는 더 이상 도덕적인 고상한 감정을 갖고 살아갈 수 없게 된다.

75) 도덕 심리학의 원칙

도덕 심리학의 원칙은 호혜성의 원칙으로 정식화되는 세 가지 법칙으로 구성되며, 그것들은 다음과 같이 진술된다.[12]

제1법칙 : 자녀의 선을 돌보아주는 것이 가족 제도에서 부모가 자녀에게 사랑을 표현하는 것이라면 어린이는 자기에게 베풀어지는 부모의 명백한 사랑을 인정하여 그들을 사랑하게 된다.

---

12 같은 책, 429쪽.

제2법칙 : 동료감에 관해 어떤 사람의 능력이 제1법칙에 따라 애정을 얻어 실현되고, 사회 체제가 정당하며, 모든 사람에게 그 정당함이 공공적으로 알려진다면 이 사람은 공동체 내의 다른 사람 모두가 명백한 의향으로 그들의 의무와 책무를 수행하고, 그들의 지위가 요구하는 이상에 따라 사는 것을 알게 되어 그들에 대한 우호감과 신뢰의 유대감을 계발하게 된다.

제3법칙 : 동료감에 관해 어떤 사람의 능력이 처음 두 가지 법칙에 따라 애정을 형성하여 실현되고, 사회 제도가 정당하고, 모든 사람에게 그 정당함이 공공적으로 알려진다면 이 사람은 그와 그가 돌보아주는 모든 사람이 이러한 체제의 수익자라는 것을 알게 되어 그것에 상응하는 정의감을 습득하게 된다.

이상 세 가지 법칙은 우리가 도덕 발달 과정의 각 단계에서 습득한 감정적 유대의 수준에 따라 우리의 욕구 체계 또한 점차 새로운 수준의 목적을 갖게 된다는 사실을 보여준다. 이러한 도덕 심리학의 원칙은 자체 내에 몇 가지 특성을 지니고 있다. 첫째, 도덕 심리학의 원칙에는 정의관이 자리하고 있으며, 그러한 원칙에 적용하는 정의관에 따라 도덕 심리학의 원칙은 다르게 정식화된다. 둘째, 이들 심리학적 법칙은 우리의 궁극적인 목적 가운데 하나로 여겨지는, 이른바 다른 사람에게 보내는 우리의 애정인 정서적 유대의 변화를 통제한다. 셋째, 이러한 세 가지 법칙은 같은 것에 같은 것으로 응답하려는 성향인 호혜성의 관념에 해당한다. 예컨대 사랑과 우정 같은 활동적인 고상한 감정이나 정의감도 결국은 우리의 선을 향상하고자 하는 다른 모든 사람의 분명한 의향으로부터 생긴다. 이런 점에서 볼 때 정의감은 자연적 애정이 연장되거나 공동선을 보살펴주는 것으로 여겨진다.

76) 상대적 안정성의 문제

정의감은 정의의 원칙으로 규정되는 도덕적 관점에 따라 행동하는 성향을 말하며, 정의의 원칙은 규제적인 고상한 감정, 즉 정의감의 형성에 관여한다. 그런데 안정성이 보장되려면 우리가 이러한 정의감을 갖거나 우리의 잘못으로 불이익을 당할지도 모르는 사람에게 관심을 가져야 한다. 그래서 정의로운 체계에 있는 사람은 자신의 의무와 책무를 다하는 길이야말로 다른 사람의 행위에 올바르게 응답하는 길이라는 생각을 가진다. 이러한 생각은 자기의 정의감에 의해 규제되는 합리적 인생 계획을 지닌 사람만이 도달하는 결론이다.

우정과 상호 신뢰의 관계, 그리고 정의감에 대해 이루어지는 공공적인 인식에 따라 정의로운 체계에 내재한 불안정성은 제거된다. 그러나 공공적 정의감으로 규제되는 사회는 시간이 지남에 따라 사회 내적으로 안정을 꾀하려는 힘이 증폭하는 사회이기 때문에 본질적으로 안정되어 있는 사회, 즉 본래적 안정성을 지닌 사회라고 말할 수 있다. 본래적 안정성은 세 가지 심리학적 법칙 사이의 호혜적 관계에서 결과한다. 한 법칙이 효율적으로 작용하게 될 경우 나머지 다른 두 가지 법칙의 효율적인 작용은 강화된다. 예컨대 제2법칙에 의해 강력한 애정이 생겨났을 경우 제3법칙에 의해 습득된 정의감은 정의로운 제도의 수익자에 지닌 더 큰 관심 때문에 강화된다. 그리고 역순으로 제3법칙에 속하는 강화된 정의감은 우리 각자가 자기의 임무를 온전히 수행하려는 확고한 의향을 갖게 하여 제2법칙에 속하는 강렬한 우정과 신뢰감이 생기게 한다. 또한 제2법칙에 속하는 자기의 가치에 대해 지닌 확신과 활기찬 동료감에 관한 능력 등이 제1법칙의 유리한 조건으로 생겨난 것이라면 제2·3법칙에 의해 통제되는 효과 역시 향상하게 된다. 그리고 이와는 역순으로 제3법칙에 속하는 규제적 정의감이 개발되고, 제2법칙에 속하는 자부심에 확신을 가진 사람은 제1법칙의 조건인 자기의 자녀에게 베푸는 사랑을 더욱 키워나갈 수 있게 된다. 이런 식으로 세 가지 심리학적 법칙은 서로 협력하여 질서 정연한 사회의 제도를 유지해준다.

이러한 심리학적 법칙이 작동하려면 적어도 다음 세 가지 요소가 허용되어야 한다. 첫째, 우리의 선을 무조건 돌보아야 한다. 둘째, 도덕적 신조와 이상의 근거에 대해 분명한 자각을 하고 있어야 한다. 셋째, 우리에게 감탄과 존경을 자아내는 인간적 선을 정의관이 표현하고 있다는 점을 인정해야 한다.

그런데 정의의 두 원칙에 근거해 있는 질서 정연한 사회와는 달리, 효용의 원칙을 기반으로 하는 질서 정연한 사회에서는 세 가지 심리학적 법칙의 내용이 변경된다. 예컨대 도덕 심리학의 제2법칙은 다음과 같이 바뀐다. 즉 이득의 총량이나 평균 복지를 공공적으로 극대화해주는 협동 체계에서 어떤 사람은 자신의 본분을 수행하는 다른 사람에게 우호적인 감정을 가진다. 이럴 경우 더 큰 복지의 총량이나 그것의 평균치는 더 좋은 상황에 있는 사람의 만족으로 결정된다고 주장하면서 자신의 요구를 밀어붙이려고 하는 사람에 대해 우리가 우호적인 감정을 가져야 할까? 여기에는 호혜성의 원칙은 없고 다만 효용의 원칙만이 존재한다.

효용으로 규제되는 사회에서 발생하는 애정은 사회의 광범위한 영역에 걸쳐 영역별로 강도가 다를 수밖에 없는 애정상의 차이를 가져온다. 그래서 어떤 영역의 집단은 자신의 집단에 애정이 없는 관계로 자신을 불안정한 상태에 빠뜨리며, 이 때문에 정당하게 행위하려는 어떤 욕구, 즉 정의감을 거의 습득하지 못하게 되는 지경에 이르기도 한다. 또한 효용의 원칙은 다른 사람이 처해 있는 더 좋은 상황으로부터 별다른 이득을 보지 못하고 있는 사람에게 더 큰 만족의 총량이나 평균치에 그의 마음을 맞추어 그것들과 자기를 동일시하는, 이른바 공감적 동일시의 능력을 정의로운 행위의 토대로 삼는다. 이런 방식으로는 사회의 기본적 구조를 지지하려는 생각을 내기가 무척 어렵게 된다. 아울러 무언가를 얻고자 하나 얻지 못한 수많은 사람의 운이 더 나빠지면 공리주의적 입장이 적용된 사회는 운이 나빠진 수많은 사람의 자부심을 점점 더 파괴하게 된다. 결과적으로 사회의 안정성은 기대하기 어렵다.

효용의 원칙보다 정의의 원칙이 더 강한 정의감과 더 큰 사회적 안정성을 가져올 수 있다는 점은 진화론적 관점에서도 해명된다. 진화론적 관점에서 볼 때 세 가지 도덕 심리학의 법칙이 기술하고 있는 본성을 습득하는 일은 자연 선택의 결과로 암시된다. 정의감의 능력과 도덕적 감정은 인간이 자연 안에서 자신의 지위를 확립하기 위해 발생한 적응 형태에 속한다. 각 개인이 생애 동안 서로 의존적으로 살아야 한다면 안정된 사회 집단에 속한 종種의 구성원이 지닌 공정한 협동 체제에 따를 수 있는 능력이나 체제 유지에 요구되는 고상한 감정을 개발할 수 있는 능력은 그들에게 아주 유리한 방향으로 작용한다. 이런 의미에서 효용의 원칙보다 정의의 원칙이 진화의 경향에 더 근접한다.

77) 평등의 기초

평등의 기초는 정의의 원칙에 따라 대우받아야 하는 인간 존재가 지닌 특징이다. 평등의 개념은 다음 세 가지 수준에서 적용된다. 첫째, 여러 규칙의 공공적 체계인 제도를 운용하는 문제에 적용한다. 이 경우의 평등은 근본적으로 규칙성으로서의 정의를 의미한다. 예컨대 '유사한 경우는 유사하게 취급한다'는 식의 신조에 따라 규칙을 공평하게 적용하고, 일관되게 해석한다는 것을 뜻한다. 둘째, 제도의 실질적 구조 문제에 적용한다. 이런 경우 모든 사람에게 평등한 기본권을 배당하기를 요구하는 정의의 원칙에 의해 평등의 의미가 구현된다. 셋째, 평등한 정의에 대해 권리를 가질 자격이 있는 사람은 바로 도덕적 인격으로 간주된다는 주장에 적용한다. 여기에서 평등한 정의는 원초적 입장에 참여하여 거기에서 채택한 원칙에 따라 행위하는 능력을 지닌 사람에게 주어진다. 그리고 도덕적 인격은 어떤 적절한 과정을 통해 실현할 수 있는 잠재성으로 이해되며, 이러한 잠재성이 정의의 요구를 활동하게 한다. 잠재성으로서 도덕적 인격이라는 용어에는 두 가지 특징이 있다. 하나는 자신의 선관(가치관)을 가질 수 있는 도덕적 능력이 있다는 점이다. 다른 하나는 정의감을 가질 수 있는 도덕적 능력이 있다는 점이다.

평등의 기초에 대해 두 가지 정도의 언급이 더 필요하다. 첫째, 자연적 속성에 의존한 평등은 있을 수 없다는 반대 의견이 있다. 반대자에 의하면 모든 인간이 평등하거나 동일하게 가지는 자연적 특징은 존재하지 않는다. 그래서 공리주의는 불평등한 기본권을 정당화하는 데 사람의 자연적 능력의 차이를 허용하는 방식으로 복지 총량의 극대화를 꾀하는 전략을 구사한다. 반면에 공정으로서의 정의는 무엇인가를 극대화하는 데 영향력을 행사하거나 시민의 권리에 등급별 차등을 두려는 가능 근거로 이용하려고 인간의 자연적 특징 사이에 발생하는 차이를 찾지 않는다. 둘째, 우리가 도덕적 인격으로 인정받으려면 충족해야 할 최소치에 관련한 문제가 있다. 도덕적 인격을 규정하는 데 필요한 최소치란 우리가 지니고 있는 잠재적인 두 가지 도덕적 능력 자체에 대한 최소한의 요구 사항을 말하는 것이지, 그러한 능력이 실제로 실현되었는지에 대해 말하는 것이 아니다. 도덕적 능력이 개발되었든 개발되지 않았든 이런 것들과 관계없이 그런 능력을 지닌 존재는 모두가 정의의 원칙에 의해 충분히 보호받을 수 있는 자격이 있다. 평등의 기초에 관련한 이상의 언급 외에도 두 가지의 일반적인 언급이 필요하다. 하나는 계약론적 견해의 간명성이고, 다른 하나는 정의론의 한계이다.

평등의 기초에 계약론이 제공하는 견해는 매우 간명하다. 여기에 몇 가지 계약론적 견해를 나열해 보면 다음과 같다. 즉 사람이라면 누구나 지닌 정의감을 최소한이나마 발휘할 능력은 모두가 평등한 권리를 가질 수 있도록 해준다. 모든 사람의 요구 사항은 정의의 원칙이 결정해준다. 아무런 실질적 힘도 없는 절차적 규칙이 평등을 지지해 주는 것이 아니라 일반적이고 자연적인 사실이 평등을 지지해준다. 또한 평등에는 인간에게 있는 본래적 가치를 평가하거나 가치관(선관)을 비교 평가하려는 의도가 없다.

그러나 모든 사람 각자가 자기에게 가능한 최선의 삶을 실현하도록 사회가 그들에게 똑같은 비례적 기여를 해야 한다는 의미로 평등한 정의를 이해하면 이러한 평등관에는 난점이 뒤따른다. 이로부터 서로 다른 의미를 지닌 두 가지 평등의 입장을 조정하는 문제와 공정한 기회균등의 원칙을 일관되게 적용하는 문제 등이 제기된다.

조정해야 할 평등의 입장 가운데 하나는 일정한 가치를 분배할 때 더 유리한 사람에게 더 높은 지위와 특권이 돌아 갈 수 있게 가치를 분배해 주려는 의도로 채택한 평등이다. 그러나 이런 종류의 평등은 효율적이고, 공정한 사회적 협 동이 될 수 있도록 조직의 구조와 분배의 몫을 규제하는 데 적용하는 정의의 제2원칙에 의해 규정된다. 또 한 가지 평 등은 사람의 사회적 지위와는 관계없이 모든 사람에게 존 경을 표하려는 목적으로 채택한 평등이다. 이처럼 가장 기 본적 평등은 정의의 제1원칙이나 상호 존중의 의무와 같은 자연적 의무에 의해 규정되며, 도덕적 인격으로 여겨지는 인간 존재에게 마땅한 존경을 표하도록 해준다. 이렇게 의 미상 서로 다른 평등의 입장은 정의의 제2원칙에 대해 정의의 제1원칙이 가진 우선성에 의해 축차적 서열을 갖는 방식으로 조정된다.

공정한 기회균등의 원칙이 일관되게 적용되려면 사람을 그의 사회적 지위에서 나오는 영향력과는 별도로 분리된 독립적인 개인으로 보아야 한다. 롤즈는 이러한 요구의 실효성에 얼마든지 의문을 제기할 수 있다고 본다. 공정한 기회가 만족되는 사회에서조차 가족 혹은 가족 제도는 각 개인에게 주어진 기회에 불평등을 야기하거나 심화하기 때문이다. 그렇다고 해서 이것이 가족 제도를 폐지해야 할 정도의 이유가 되는 것은 아니다. 차등의 원칙을 인정할 경우 가족 제도를 없애야 한다는 긴급한 요구는 거의 해소된다. 자유로운 평등의 체계에서 차등의 원칙을 인정하는 이유는 그러한 원칙이 사회적 불평등에 관해 납득할 만한 근거를 다시 규정해주며, 아울러 박애와 보상의 원칙에 적절한 비중이 주어지면 자연적 자산을 분배하거나 사회적 여건에서 생기는 우연성을 허용하기가 더욱 용이해지기 때문이다. 모든 사회적 장애가 제거된다고 해서 모두가 평등한 기회를 얻는 것은 아니며, 그런 기회를 맞아 전보다 형편이

나아지기를 노심초사한다고 해서 형편이 나아지는 것도 아니다. 오히려 차등의 원칙이 허용한 불평등이라는 차등이 가져다줄 이득이 우리에게는 행운일 것이다.

마지막으로 평등의 기초에 관련한 일반적인 언급 가운데 하나인 정의론의 한계로 관심을 돌려볼 차례이다. 정의론에서는 도덕의 모든 측면을 다루지 않으며, 동물과 자연에 관련한 우리의 행위 가운데 어떤 행위가 올바른 행위인가에 대해서도 다루지 않는다. 그러나 동물에게 잔인한 행위를 하는 것은 분명히 그릇된 일이며, 어떤 종種 전체를 파괴하는 행위는 명백히 커다란 죄악이다. 동물에게도 있는 쾌락과 고통의 감정이나 삶의 형식에 관한 능력은 우리가 회피할 수 없는 동정과 자애의 의무를 우리에게 부과한다.

제9장 정의와 선의 일치성

9장에서는 안정성에 관해 제기한 두 번째 문제인 공정으로서의 정의와 합리성으로서의 선 사이의 일치 가능성을 개진하는 문제가 논의된다. 아울러서 롤즈는 질서 정연한 사회의 여건이 확립되어 있을 경우 어떤 사람이 합리적인 인생 계획으로 자기의 정의감을 지지하거나 확신할 수 있다는 주장을 증명해낸다. 또한 그러한 사회가 요구하는 사항과 그 체제가 구성원의 선에 기여하는 방식에 대해서도 논의한다.

78) 자율성과 객관성

질서 정연한 사회에 사는 사람의 도덕 교육은 옳음이나 정의의 원칙에 의해 규제된다. 교육은 상호 존중의 자연적 의무가 요구하는 바와 같이 철저하게 이해력의 발달이 허용하는 범위에서 이루어진다. 이러한 교육 과정의 최종목표는 도덕적인 고상한 감정을 형성하는 의도적인 인과적 귀결이 아닌 자율성의 확립에 있다.

공정으로서의 정의를 칸트적으로 해석해 볼 때 정의의 원칙에 따라 행동하는 사람은 자율적으로 행위하는 사람이다. 정의의 원칙은 자유롭고 평등한 합리적 존재로서 사람의 본성을 가장 잘 표현한 조건에 근거를 두어야 비로소 인정받는 원칙이다. 그리고 자율적 행위란 자유롭고 평등

한 합리적 존재가 서로 합의하여 채택한 원칙을 지침으로
이루어지는 행위를 말한다. 그러므로 정의의 원칙이 제대
로 지켜지지 않는다면 우리의 자율성은 침해받는다. 또한
정의의 원칙은 우리 모두가 적절한 일반적 관점을 확보하
게 될 때 우리를 포함한 모든 사람이 따르리라는 기대를 하
게 만드는 객관적인 원칙이다. 정의의 원칙이 객관성을 갖
는 최초의 조건(예컨대 무지의 베일)은 원초적 입장의 조건으
로 표현된다. 그래서 우리는 우리만의 처지가 아닌 모든 사
람의 처지가 반영된 동등한 입장에서 사회 질서를 채택하
게 하는 관점을 확보하게 된다. 이로부터 우리는 사회 안에
서 우리가 차지한 지위를 객관적으로 바라보게 되며, 공통
된 관점을 다른 사람과 함께 공유하게 되어 개인적 편향성
에 기초한 편협한 판단을 내리는 잘못에서 벗어나게 된다.
이런 의미에서 앞서 언급한 행위의 자율성과 정의의 원칙
의 객관성은 양립한다.

그런데 어떤 정의의 원칙이 자유롭고 평등한 합리적 존
재로 여겨지는 우리의 본성과 가장 잘 일치하는 원칙이 되
려면 원칙 자체에 우리의 책임이 확립되어 있어야 한다. 그

렇지 않을 때 행위의 자율성은 여러 독선적 의지 사이에 충돌을 일으켜 혼란을 가중할 것이고, 정의의 원칙의 객관성은 그 일관성에도 불구하고, 특이질의 체계를 고수할 수밖에 없는, 받아들이기 어려운 결과를 가져온다.

79) 사회적 연합의 관념

다른 사람이 실현하여 이루어낸 자연적 자산의 총합에 참여하려면 사회 구성원의 필요와 잠재성에 바탕을 두어 사회적 연합을 이끌어내야 한다. 그래야만 자유로운 제도에 의해 도출된 서로의 탁월성과 개체성을 우리가 향유하게 된다. 나아가서 우리는 모든 사람에게 인정받고, 그들에게 즐거움을 선사하는 전 체계적인 완전한 활동에서 각자의 선을 그러한 활동의 한 요소로 인정할 줄 아는 인간 공동체에 도달하게 된다. 어떤 경우가 되었든 사람에게는 상대방이 필요하다. 우리 각자가 지닌 능력을 완전히 발휘하려면 다른 사람과 적극적으로 협동해야만 하기 때문이다. 이런 의미에서 사회적 연합만이 개인을 완전하게 한다.

그런데 여러 가지 삶의 형태는 그 자체로 사회적 연합체의 특성을 지닌다. 사회적 연합체는 최종적인 목적을 공유하며, 공동으로 활동한다. 사회적 연합체로는 과학, 예술, 가정, 친구 관계, 그리고 여타 다른 집단을 들 수 있다. 이들 연합체가 공동으로 지닌 궁극적 목적을 달성하게 될 때 사람은 자신과 관련한 목적이 성취된 것에 만족할 것이고, 바로 이러한 만족감이 공동체를 결속하게 해준다. 그리고 개인은 하나의 사회적 연합체에만 속할 것이 아니라 여러 종류의 연합체와 관련을 맺고 있다. 이러한 관계성이 의미를 지니려면 개인이 속한 사회적 연합체를 묶어 주는 사회적 연합이 있어야 한다. 그러한 연합의 예가 바로 질서 정연한 사회이다. 수많은 사회적 연합체의 사회적 연합으로 이해되는 질서 정연한 사회는 정의로운 제도가 성공적으로 운영되고 있다는 전제 아래 다음 세 가지 특성을 가진다. 첫째, 사회의 모든 구성원에게 공유된 최종목적이 있는 사회이다. 둘째, 이와 같은 제도적 형식 자체가 선으로 평가되는 사회이다. 셋째, 의미 있는 일을 통해 분업을 극복하게 해주는 사회이다.

질서 정연한 사회의 첫 번째 특성은 사회의 구성원이 정의의 원칙이 허용하는 방식으로 자기와 다른 사람의 본성을 실현하기 위해 함께 협동한다는 공동 목표가 있다는 의미를 내포한다. 이러한 집단적 의향은 모든 사람이 지닌 효과적인 정의감에서 생겨난다. 두 번째 특성은 사회적 연합의 관념이 전체로서 사회의 기본적 구조에 적용되면 정의로운 헌법과 법질서의 주요한 부분에 해당하는 사회적인 기본제도가 바로 그 자체로 선으로 여겨진다는 의미를 함축한다. 기본제도를 통해 정의를 공공적으로 구현하는 일은 공동체의 가치가 되기 때문이다. 이런 점에서 질서 정연한 사회가 공동체의 선을 성취하는 문제는 옳음과 선(좋음)의 일치 문제로 직결된다. 세 번째 특성은 질서 정연한 사회에서 분업이 극복의 대상이긴 하나 그렇다고 해서 분업을 없애자는 말은 아니라는 의미를 포함한다. 분업은 각자가 자신을 완전하게 만든다고 해서 극복되는 것이 아니라 모두가 자유롭게 참여한 수많은 사회적 연합체의 정의로운 사회적 연합에서 자발적이고 의미 있는 일을 통해 극복된다. 그러나 일이 모든 사람에게 어떤 의미를 준다고 해서 그것 때문에 다른 사람에게 의존적인 우리의 성향이 극복되지는 않으며, 또한 극복하려고 해서도 안 된다. 다른 사람이 우리를 도와주지 않는다면 아무리 우리가 무언가가 되려고 해도 그 가운데 일부의 성취에 그칠 수밖에 없다. 이것이 바로 인간이 가진 사교성의 특징이다.

80) 시기심의 문제

시기심envy의 문제는 차등의 원칙이 인정한 불평등이 사회적으로 위험한 수위에 이를 정도의 시기심을 언제든 야기할 수 있는 힘이 있다는 사실에서 기인한다.

시기심은 일반적 시기심과 특수한 시기심으로 나뉜다. 일반적 시기심은 최소 수혜자가 더 나은 처지에 있는 사람에게 갖는 시기심이다. 이 시기심은 더 나은 처지에 있는 사람이 어떤 특정한 대상을 소유하고 있기 때문이 아니라 더 혜택받은 사람이 여러 종류의 많은 선을 가지고 있어서 발생한다. 이른바 상위 계층에 속하는 사람은 더 큰 재산과 기회를 가지고 있다는 이유로 시기를 받게 되는데 시기하는 사람은 자신도 그와 같은 이득을 얻고 싶어 한다. 특수한 시기심은 사람 가운데 누군가를 특정적으로 적대시하거나 경쟁하는 데서 생기는 시기심이다. 이러한 시기심은 대체로 직위, 명예, 그리고 다른 사람의 호의를 얻는 데 실패한 사람이 갖는 시기심이다. 그는 자신의 경쟁자가 거둔 성공에 시기하고, 경쟁자가 일궈낸 성과와 똑같은 성과를 욕심내는 경향이 있다. 한마디로 말해 시기심은 다른 사람이 우리보다 운이 좋다고 해서 우리의 이득이 감소하지도 않건만 그 사람이 지닌 더 큰 선을 적대적으로 바라보는 성향이다. 시기는 집단적으로 손해를 가져온다. 다른 사람을 시기하는 사람이 시기의 대상이 되는 사람과 그들 사이에 존재하는 불일치를 충분히 감소시킬 수만 있다면 설사 모두에게 손해가 되어도 그렇게 할 각오를 한다. 칸트는 시기심을 일러 인간을 혐오하는 악덕 가운데 하나라고 정의한다.

시기심에는 부정적 측면만 있는 것이 아니라 긍정적 측면도 있다. 시기심은 긍정적 관점에서 온건한 시기심benign envy과 경쟁적 시기심emulative envy으로 나뉜다. 온건한 시기심은 단지 관습적 표현을 사용하여 어떤 대상이 추구할 만한 가치가 있다고 인정하는 시기심이며, 이를 듣는 당사자가 그 표현을 적개심의 전조가 아닌 일종의 칭찬으로 들어

주기를 기대하는 시기심이다. 이 때문에 온건한 시기심에는 악의를 의도하거나 표현하는 일이 없다. 예컨대 결혼이나 가정의 화목과 행복에 대해, 혹은 더 많은 기회나 재능을 가진 사람에게 부럽다거나 시샘이 난다고 말하는 것이 여기에 속한다. 경쟁적 시기심은 우리가 다른 사람이 소유한 더 큰 선을 보게 될 때 그것을 소유하고 싶은 마음이 저절로 들게 하여 사회적으로 유익한 방식으로 개인의 선을 추구하게 하는 추동적 시기심이다. 그러나 경쟁적 시기심은 우리가 패배감을 맛보거나 실패감을 느낄 때 증오의 형식으로 변하기도 한다. 우리는 다른 사람의 행운에 풀이 죽어 자기가 가진 것을 하찮게 여기기도 하며, 이러한 좌절감과 상실감으로부터 증오심과 적개심을 가진다. 이런 의미에서 시기심은 도덕적 감정과는 무관한 증오의 형식이다. 그런데 다른 사람이 부정의한 사회 제도나 자기의 그릇된 행위로 더 잘 산다면 우리는 의분을 표출할 수 있다. 그러나 의분을 드러내려고 하는 사람은 반드시 그것에 합당한 근거를 제시해야만 한다.

시기가 그렇듯 질투와 인색도 도덕적 감정이 아니다. 상대적으로 더 잘 사는 사람은 자기보다 불운한 처지에 있는 사람이 여전히 그런 지경에 처해 있기를 바라기도 한다. 그 뿐만 아니라 그런 사람은 자신과 불운한 처지에 있는 사람의 수준을 비슷하게 만들어 줄 더 큰 이득이 있을 때 자기의 우월한 지위를 이용하여 불운한 처지에 있는 사람에게 질투하거나 인색하게 군다. 이런 식의 성향이 확대되면 더 잘 사는 사람은 자기에게 전혀 필요하지도 않을뿐더러 사용할 수도 없는 어떤 이득이 발생할 때, 더 불운한 처지에 있는 사람에게 그러한 이득이 돌아가지 못하도록 악의적으로 거부한다. 인색하고, 악의적인 사람은 전체에 해악을 끼치는 사람으로 여겨진다. 그는 자신과 다른 사람 사이에 거리를 유지하고 싶어 하며, 그 일을 위해서라면 무엇이 되었든 가리지 않고 하려 들기 때문이다.

81) 시기심과 평등

객관적인 기본적 가치의 지수로 어떤 사람의 지위를 측정한 결과 그의 지위가 아주 낮아 자존감에 상처를 받아 상실감을 느낀다면 우리는 그에게 공감을 표시할 수 있다. 그가 다른 감정을 가질 여지가 전혀 없는 여건에서 표출한 시기심이 그의 자존감의 상실에서 나온 반응이라면 그러한 시기심은 '있을 수 있는 시기심excusable envy'으로 인정된다.

인간은 무력감이 가미된 자기 가치에 대해 자신감이 결여되어 심리적으로 시기적 경향성을 형성한다. 무력감에 빠져 있거나 자신감이 없는 사람의 삶의 방식에는 열의가 없으며, 그가 그러한 삶의 방식에서 벗어나려고 해도 아무런 힘이 없는 관계로 자기가 하고 싶은 일을 하는 데 필요한 수단을 얻을 능력이 없다는 사실을 뼈저리게 느낀다. 이와는 반대로 자기의 인생 계획이 지닌 가치를 확신하며, 그것을 수행할 능력을 지닌 사람은 다른 사람을 증오하지 않으며, 자신의 행운에 대해서도 별반 마음을 쓰지 않는다. 하려고만 들면 얼마든지 그렇게 할 수도 있지만, 희생을 치러가면서까지 다른 사람의 이득을 똑같이 낮추고 싶은 마음이 조금도 없다.

가장 혜택을 보지 못한 사람은 그 사람의 자존감이 불안정해질수록, 그리고 자신의 인생 전망이 향상될 여지가 없어질수록 혜택을 본 사람의 더 좋은 상황에 더욱 강도 높은 시기를 부린다. 우리의 시기심이 적대적으로 발생하도록 조장하는 조건에는 다음 세 가지가 있다. 첫째, 사람이 심리적으로 자기의 가치와 능력에 아무런 확신감도 없는 경우이다. 그 결과 사람은 자신이 보람 있는 일을 할 수 있다는 사실마저도 믿지 않는다. 둘째, 이러한 심리적 조건이 자주 고통스럽고 부끄러운 경험으로 다가오는 경우이다. 그 결과 사람은 자기와 자기의 생활양식을 실제보다 폄하하여 평가한다. 셋째, 사람이 자기의 사회적 지위를 갖긴 하나 자신보다 더 수혜적인 사람이 점유한 유리한 여건에 맞설 정도의 적극적인 대안을 제시할 수 없는 경우이다. 그 결과 사람은 체념과 무관심으로 퇴행하든지, 아니면 더 나은 처지에 있는 사람에게 손실을 가하는 길 외에는 다른 방법이 없다고 생각한다. 질서 정연한 사회를 구성하는 여러 측면이 이러한 세 가지 조건을 완전히 막아낸다고 말하긴 어렵지만, 어느 정도 이들 조건을 누그러지게 할 수 있다는 점만은 분명하다.

적대적인 시기심이 발생하는 첫 번째 조건은 심리적이긴 하나 근본적으로는 사회 제도에서 기인하는 조건이다. 그러므로 이 조건은 제도적 접근법으로 완화해야 한다. 그럴 경우 사람은 동등한 주권자이고, 똑같은 기본권과 공통된 정의감을 가지며, 그리고 시민적 우호감으로 결속한 존재로 여겨진다. 또한 일부의 사람에게 더 큰 이득이 돌아갔다면 그 이득은 혜택을 덜 받은 사람을 위해 보상적 이익으로 환원해야 한다. 그리고 누군가는 더 큰 몫을 지니고 있고, 어떤 사람은 그렇지 않다고 해도 양자는 도덕적 관점에서 똑같은 가치를 지닌 존재로 대우받아야 한다. 질서 정연한 사회는 이상의 주장을 반영한 공공적 원칙에 근거하여 운이 따르지 않는 사람의 자신감을 보증해주는 방식으로 첫 번째 조건을 완화해준다.

두 번째 조건 역시 사회 제도가 근본 원인이 되어 발생하는 조건이다. 소득과 부의 폭을 좁힐 수 있도록 배경적 제도를 확립하고, 질서 정연한 사회에서 안전한 내적 삶을 추구하는 수많은 단체가 사람의 인생 전망에 존재하는 커다란 편차를 감소해 줄 경우 두 번째 조건은 완화된다. 또한 평등한 정의의 원칙을 인정한 시민이 자기의 부와 여건상의 차등을 무시하거나, 아울러 더 수혜받은 사람이 자기의 더 높은 신분을 과시하여 덜 가진 사람의 신분을 상대적으로 떨어뜨리는 일이 없도록 조심하는 태도도 두 번째 조건을 완화한다. 그런데 시기심을 불러일으키는 이러한 조건이 사라지게 되면 그에 따라 질투, 인색, 그리고 악의 등의 감정도 자연히 없어진다. 그래서 더 운이 없는 집단의 사람이 더 운이 따르는 집단의 사람에게 시기심을 내지 않으면 운이 따르는 집단의 사람에게 있는 질투와 인색, 악의 등의 감정도 자연히 소멸한다.

세 번째 조건도 사회제도가 근본원인이 되어 발생하는 조건이다. 어떤 사회에나 존재하고 있는, 그리고 인간 삶에 특유한 감정인 특수한 시기심은 경쟁심과 결부된다. 정치적 정의에서 다루는 특수한 문제로 사람이 직위와 지위를 추구하는 과정에서 발생한 원한과 질투의 정도를 다루는 문제, 그리고 원한과 질투가 제도의 정의를 왜곡할 가능성을 다루는 문제 등이 있다. 그러나 이러한 문제는 정의의 원칙에서는 제기되지 않는다. 질서 정연한 사회는 이상과 같이 그 사회에 적용하는 정의의 원칙 자체를 적극적 대안으로 삼는 방식으로 세 번째 조건을 완화한다.

시기심과 평등의 관계에 대해 언급한 견해 가운데 평등의 요구를 시기심으로 폄하해버리는 몇 가지 입장이 있다. 예컨대 대다수의 보수적 입장에 있는 여러 학자는 현대의 사회 운동이 평등적 성향을 띠고 있는데 이러한 성향은 시기심 그 이상이나 이하도 아니라고 평가 절하한다. 마르크스조차도 어떤 점에서는 공산주의의 제1단계가 시기심을 표현한다고 생각한다. 그리고 프로이트는 정의감이 시기심과 질투의 부산물이라고 믿는다. 지키려는 사람과 뺏으려는 사람 사이의 적대적인 태도에서 형성되는 해악을 저지할 필요성 때문에 사람은 타협을 위한 요구 조건에 동의한다는 것이다. 바로 그것이 똑같은 대우의 요구, 즉 평등의 요구이다. 그러므로 정의감은 질투와 시기심에서 출발하여 모두를 위해 평등을 주장하는 데까지 이르게 된 반동적 형성물에 해당하는 사회적 감정일 뿐이다. 그러나 프로이트의 이러한 견해는 시기심과 의분을 구분하지 않고 양자를 혼동하고 있는 잘못된 생각이다. 물론 시기심에서 발생하는 평등의 형식이 전혀 없는 바는 아니다. 예컨대 엄격한 평등주의, 즉 모든 기본적 가치가 평등하게 분배되어야 한다고 주장하는 교설이 그러한 유형에 속한다. 그러나 엄격한 평등주의처럼 우리를 억압하고, 실망하게 하는 종류의 경향과 열망이 존재할 경우 그것이 사회 체계에 의해 고무되는 일은 절대로 없어야 한다. 반면에 정의의 두 원칙에서 규정하고 있는 평등은 시기심이 아니다. 그 원칙은 원한이나 악의를 배제한다. 그러므로 평등의 요구는 의분을 표현할지언정 시기심과는 아무런 관계가 없다.

82) 자유의 우선성에 관한 근거

질서 정연한 사회에 적용하는 정의의 두 원칙에 관해 두 가지의 논증을 들 수 있으며, 각각의 논증은 자유의 우선성에 관해 몇 가지 근거를 함축한다. 이들 논증 가운데 첫 번째 논증은 자유롭고 평등한 도덕적 인격체이며, 사회의 기본 구조를 규제할 원칙을 결정할 때 동등한 존중을 받을 권리와 그것에 대해 고려할 권리가 있는, 그리고 정의감을 지닌 질서 정연한 사회의 구성원이 자유에 우선성을 부여하는 이유를 다룬다. 이로부터 첫 번째 논증은 자유의 우선성에 관해 세 가지의 근거를 든다. 첫째, 정의의 제1원칙에 포함된 모든 자유가 자유롭고 평등한 도덕적 인격체가 가진 근본적 목적과 이해관계를 확실하게 보장만 해준다면 제1원칙에는 자연스럽게 우선성이 부여된다. 둘째, 질서 정연한 사회의 모든 당사자는 그들이 가진 특수한 이해관계를 더 굳건하게 실현하려면 자유가 그것을 보장해야 한다는 사실을 안다. 이 때문에 다른 사람과 약속하여 지게 된 책임인 공약의 부담을 완수하기 위해 그들 스스로 기본적 자유에 우선성을 부여한다. 셋째, 사회 제도는 질서 정연한 사회의 모든 당사자가 지닌 관심을 형성하고 규제한다. 그러나 그들은 자기들의 최종적인 목적을 마음먹은 대로 수정하고 변경할 줄 아는 자유로운 인격체이기 때문에 무엇보다도 자기들의 자유를 보호하는 데 우선성을 부여한다.

두 번째 논증은 질서 정연한 사회에서도 여전히 지속해서 생기는 우리의 어떤 감정과 태도가 과연 자유의 우선성을 확보해 줄 수 있느냐는 문제를 다룬다. 이로부터 두 번째 논증은 자유의 우선성의 근거로 두 가지를 제시한다. 이들 근거 중의 하나는 인간적인 필수적 요구를 만족하게 하는 필수적인 물질적 수단을 획득했을지라도 사람이 부의 분배상에서 자기가 어디에 있는가에 관해 지속적인 관심을 둔다는 점이다. 그러한 관심의 결과로 개인은 높아만 가는 물질적 풍요를 추구하려 하는 욕구로 목말라 하고, 사회는 오로지 생산성의 향상과 경제적 효율성의 증진에만 매달린다. 이러한 상황에서 자유의 우선성은 보존되지 못한다. 이와는 대조적으로 질서 정연한 사회의 구성원에게는 각자의 인생 계획이 있고, 또한 공동체에도 계획이 있기 마련이므로 그들은 이러한 계획에 따라 가장 적절한 판단을 내리고, 그러한 판단을 최선을 다하여 실행하려는 성향을 가진다. 아울러 그들에게는 상대적이든 절대적이든 더 많은 경제적 복지를 얻어내려고 자신들의 자유를 감소하려는 성향도 전혀 없다. 이런 점에서 질서 정연한 사회는 자유의 우선성을 보존해 준다. 다른 하나의 근거는 소득의 몫이 아닌, 기본적 권리와 자유의 분배가 정의로운 사회에서 살고 있는 사람의 자존감의 기초를 형성한다는 점이다. 이러한 분배가 평등하게 이루어지면 모든 사람이 사회의 공동사를 똑같은 자격으로 처리할 유사하면서도 안전한 지위가 그들에게 주어진다. 불평등한 자유를 허용하면 사람 사이에는 정치적 지위의 약화 현상이 일어나고, 지위가 약화된 사람을 열등한 사람으로 규정한 사회의 기본적 구조는 이러한 사실을 공공적으로 확립한다. 사회의 기본적 구조 속에서 이런 식으로 고정화된 종속적인 인간 서열은 사람을 못내 굴욕스럽게 만들어 그들의 자부심을 여지없이 무너뜨린다. 정치적 불평등과 시민적 불평등, 그리고 문화적 차별과 인종적 차별에서 오는 고초를 받아들이기란 쉽지 않기 때문이다. 이런 점에서 지위를 향한 우리의 욕구 가운데 평등한 시민의 지위를 향한 욕구는 모든 사람에게 평등한 자유의 우선성이 몹시 필요하다는 사실을 보여준다.

83) 행복과 지배적 목적

합리적 계획에 따라 어떤 목적이 성취될 때 우리는 행복을 느끼게 되며, 이에 따른 행운의 지속성을 믿어 의심치 않는다. 행복은 활동과 목적의 체계로 여겨지는 합리적 계획을 성공적으로 실현하게 하는 실천적 수행의 측면과 어떤 근거에 기초하여 지속적인 성공을 믿어 의심치 않는 심리적 확신의 측면으로 구성된다. 이상의 언급 속에는 행복에 내려진 객관적 정의와 주관적 정의가 혼재하여 있다.

객관적 정의에 따르면 행복이란 누군가 행동에 의해 목적을 성취하고, 결과에 대해 그의 합리적 확신이 있는 경우를 말한다. 주관적 정의에 따르면 행복이란 누군가 합리적 계획을 어느 정도 성공적으로 수행하고, 앞으로도 그런 식으로 계속 수행하리라고 믿어 의심치 않는 경우를 말한다. 이 주관적 정의에는 부칙이 있다. 즉 그가 잘못 생각하거나 미혹된 상태에 있더라도 몇 가지 우발적 사건이 동시에 일어나 그의 생각이 잘못한 생각이라는 사실을 알아차리게 하는 일이 생겨나서는 안 된다는 것이다. 행복에 내려진 이상의 정의로부터 우리는 주관적 정의보다 객관적 정의를 더욱 높이 평가한다.

행복은 두 가지 특성을 가진다. 하나는 행복이 자기 독립적이라는 특성을 가진다는 점이다. 행복은 그 자체를 위해 선택될 뿐이다. 우리가 전체적인 계획을 수행하면서 계획이 성취되기를 기대하는 지속적인 확신, 즉 의지를 가질 때 행복의 자기 독립성이 이루어진다. 다른 하나는 행복이 자기 충족적이라는 특성을 가진다는 점이다. 우리가 확신을 지닌 채 합리적인 계획을 실현하면 우리의 인생은 선택할 만한 충분한 가치가 있는 인생으로 전환된다. 이로부터 우리는 더 이상 다른 아무것도 요구할 필요가 없게 되고, 여기에서 행복의 자기 충족성이 만들어진다.

그런데 과연 누군가 합리적 계획을 실현하고 있다고 해서 그것이 곧바로 행복의 추구로 이해될 수 있을까? 그렇지는 않다. 여기에는 두 가지의 이유가 있다. 첫째, 우리가 지닌 여러 가지 목적 가운데 어떤 하나의 목적을 실현하는 것이 아니라 전체적인 구상 자체를 이행할 때 행복이 오는 것이기 때문이다. 그리고 이러한 행복은 합리적 계획에 가해지는 옳음이나 정의의 제약을 받아들인다는 전제 아래 추구해야 한다. 둘째, 생명, 자유, 그리고 자기 자신의 복지 등과 같은 목적의 추구가 행복의 추구를 의미한다면 의로운 일에 헌신하거나 다른 사람의 안녕을 위해 기꺼이 생명을 희생한 사람까지도 행복을 추구한 사람으로 여겨질 수 있는데 그럴 수는 없기 때문이다.

목적 사이에 갈등이 일어날 때 이러한 상황을 해결해 줄 비교의 기준이 없는 까닭에 많은 목적을 서로 똑같은 자격으로 추구할 수 있다. 이러한 문제의 해결을 위해 모든 다른 목적이 종속되는 하나의 단일한 지배적 목적이라는 관념이 도입된다. 그런데 각각의 사람이 지닌 목적이 다르므로 추구하는 선도 다를 수밖에 없다. 사람이 지닌 모든 목적을 하나의 목적에 종속하는 행위는 비록 그 행위가 합리적 선택의 원칙을 위반한 것은 아니지만, 너무나 비합리적이고 광적인 행위이다. 이렇게 되면 우리의 자아는 가치를 손상당하며, 우리는 기껏해야 어떤 체계를 위해 존재하는 수많은 종속적인 목적 가운데 하나에 불과하여 어떤 목적을 섬기는 종속적인 존재로 전락하게 된다.

지배적 목적을 앞세운 견해가 가진 극단적 성격으로 다음 두 가지를 들 수 있다. 하나는 제안된 지배적 목적이 애매모호한 까닭에 그러한 목적의 본래 의도가 은폐되는 일이 아주 빈번하다는 점이다. 예컨대 '신을 섬겨야 한다'는 식의 지배적 목적의 경우 신의 의도가 계시 때문에 명료하게 주어지지 않는 만큼, 혹은 자연적 이성이 명백하게 파악하지 못한 만큼 그러한 의도는 불명확한 상태로 남는다. 다른 하나는 지배적 목적이 명시적으로 정치적 권력과 물질적 부를 달성하려고 든다면 그 근저에 깔린 광신적 행위와 비인간성 등의 속성이 수면 위로 떠오른다는 점이다. 이런 의미에서 지배적 목적은 결코 행복 그 자체가 아니다. 행복의 상태는 지배적 목적과는 독립적으로 마련된 합리적 계획의 수행을 통해 구현된다. 그리고 합리적 계획이 내용에 상관없이 여러 가지 목적을 포괄적으로 정돈해준다는 의미에서 그러한 계획은 포괄적 목적이 된다.

84) 선택 방법으로서 쾌락주의

쾌락주의는 전통적으로 다음 두 가지 방식으로 해석된다. 첫째, 유일한 본래적 선은 쾌락의 감정이다. 둘째, 개인이 유일하게 추구하는 것이 쾌락이다. 이처럼 심리학적인 쾌락주의의 주장에 따르면 우리의 합리적 행위는 언제나 의식적으로 쾌락을 목표로 하며, 이 행위는 쾌락적 감정의 순수 잔여량을 극대화하는 행동 체계가 규제한다.

쾌락주의를 해석하는 이상의 전통적 방식 외에도 지배적 목적관으로 일관하는 제3의 방식이 있다. 쾌락주의자가 쾌락을 지배적 목적으로 해석하기 위해 행하는 추론 양식에는 다음 두 가지가 있다. 하나는 일부의 더 고차적인 목적을 실현할 수단 외에는 우리가 추구하는 다양한 목적이 서로 경쟁적인 목적일 경우 그것들 사이의 균형을 잡아 줄 합리적 방식이 없다는 점이다. 다른 하나는 쾌락이 쾌감이며, 우리의 감정과 감각의 속성이라는 점이다. 이 때문에 쾌락은 지배적 목적의 역할에 적합한 유일한 가능성이 있는 후보이다. 따라서 쾌락만이 유일하게 그 자체로 선이 된다.

우리가 숙고하는 데 필요한 유일한 합리적 선택의 방법이 쾌락의 추구 과정에서 제공된다는 주장은 쾌락주의의 근본관념에 해당한다. 그러나 쾌락을 합당한 지배적 목적으로 규정한 쾌락주의적 입장은 두 가지 점에서 실패한다. 하나는 그 자체로 비교할 수 없는 이질적인 쾌감이 있고, 쾌락의 양적 차원이나 강도와 지속성에서도 다양한 차이가 존속한다는 점이다. 다른 하나는 목적의 다양성이 지닌 문제가 쾌락을 느끼는 주관적 감정의 집합 안에서도 되풀이한다는 점이다. 바꿔 말해 목적 사이의 균형을 잡아 줄 수 있는 합리적 기준이 없는 것은 쾌락 사이의 균형을 잡아 줄 수 있는 합리적 기준이 없는 것과 같다는 점이다.

이상으로부터 쾌락주의는 그것이 극대화하려는 목적을 제대로 규정하지도 못한다는 약점을 드러낸다. 쾌락주의를 포함한 모든 목적론적 교설의 구조는 옳음(정의)과 좋음(선, 목적)을 잘못된 방식으로 관련해 놓는다. 우리가 우리의 삶을 형성하려고 할 때 옳음에 독립적으로 규정된 선에 먼저 주목하는 일이 있어서는 안 된다. 목적(선)이 일차적으로 우리의 본성을 드러내 주지는 않는다. 왜냐하면 선행하는 자아에 의해 목적이 내세워지고, 지배적 목적도 수많은 가능성 가운데 하나로서 선택될 뿐이기 때문이다. 우리의 본성은 목적을 형성하는 배경적 조건과 그 목적을 추구하는 양식을 규제하는 우리가 인정한 옳음의 원칙(합리적 선택의 원칙이 아닌 정의의 원칙)에 의해 나타난다. 이런 의미에서 옳음은 좋음에 우선한다.

85) 자아의 통일성

도덕적 인격성의 특징은 가치관(선관)과 정의감의 능력을 지닌다는 점이다. 이러한 능력이 실현되면 가치관의 능력은 합리적 인생 계획으로 표현되고, 정의감의 능력은 옳음의 원칙에 따라 행위하려는 규제적 욕구로 나타난다. 그러므로 도덕적 인격은 가치관의 능력이라는 측면에서 볼 때 자기가 선택한 목적의 주체이며, 정의감의 능력이라는 측면에서 볼 때 자기의 본성을 자유롭고 평등한 합리적 존재로 표현하여, 우리 삶의 양식을 세울 조건을 근본적으로 선호하게 한다.

인격의 통일성은 그의 합리적 인생 계획에 포함된 여러 가지 하부 계획 사이의 정합성에서 표명된다. 그리고 인격의 통일성의 기초는 옳음이나 정의의 감각에 일치하는 방식으로, 합리적 선택 원칙에 따라 행위하고 싶어 하는 더 고차적인 욕구에서 찾을 수 있다. 요컨대 정의가 허용하는 방식으로 합리적 인생 계획을 정식화하고 이를 수행하여 자기 인격의 통일성을 형성한다.

그런데 쾌락주의는 쾌락과 고통의 능력을 자아의 기본적 측면으로 규정하며, 자아의 통일을 자아의 심리적 한계 안에서 쾌락적 경험의 총량이 극대화한 결과로 본다. 반면에 원초적 입장의 모든 당사자는 자아의 근본적인 측면으로 도덕적 인격성을 지목한다. 그들은 정당하고 유리한 조건, 즉 옳음의 조건을 확립하여 각자의 통일성을 형성한다. 자아의 통일성이란 본질적으로 옳음의 입장에서 부여되기 때문이다. 이런 식으로 옳음이나 정의의 원칙은 자아에 우선한다. 이러한 우선성 때문에 공정으로서의 정의에도 일종의 지배적 목적이 있는 것으로 이해될 수 있으나 그것은 어디까지나 오해에 불과하다. 지배적 목적은 옳음과는 독립적으로 규정된 선을 취급하는 목적론에나 있다. 공정으로서의 정의는 이런 의미의 지배적 목적을 가지고 있지 않으며, 설사 단 하나의 목적만이 있다고 해도 그것이 지배적 목적이 되려는 의도를 가진 한 그 하나의 목적마저도 전혀 필요 없는 목적으로 처리해버린다. 공정으로서의 정의는 옳음의 조건이 부여한 범위 안에서 선이나 목적을 다루는 관점을 선택하기 때문이다.

86) 정의감과 선의 일치성

우리가 정의의 원칙에 따라 행동하고 싶어 하는 데 효과적인 욕구인 정의감이나 이것에 수반하는 모든 것을 지닌 채 개인적인 이득을 얻기 위해 정의롭지 않은 행위를 하는 것은 쉬운 일이 아니다. 그래서 어떤 사람이 효율적인 정의감을 갖고 있다는 말은 그가 그런 정의감에 맞는 원칙에 따라 행위하려 하는 규제적 욕구가 있다는 의미를 함축한다. 그리고 그 사람이 숙고된 합리성을 지닌 채 정의의 관점에 따라 행위하고 싶어 하는 경우(예컨대 그가 정의감을 지지하는 합리적 인생 계획을 수행하고자 하여 그렇게 한 경우) 그의 행위는 그를 포함하여 그와 유사한 계획이 있는 자기 동료에게도 합리적이며 합당하다. 이런 방식으로 합당성(정의의 관점)과 합리성(선의 관점)은 서로 일치한다.

그런데 이러한 일치는 근원적으로 정의의 원칙이나 정의의 관점에 따라 행위하고 싶어 하는 욕구인 정의감과 선의 일치로부터 시작한다. 정의감과 선이 일치한다는 근거는 계약론적 교설의 관점, 아리스토텔레스적 원칙과 그것의 동반 효과의 관점, 그리고 칸트적 해석의 관점에서 제시될 수 있다.

계약론적 교설의 관점에서 볼 때 공공적 정의의 원칙은 질서 정연한 사회의 구성원이 공유하고 있는 공통으로 인정된 도덕적 신념의 성격을 규정해준다. 우리는 자기의 친구에게는 공정하고자 하며, 우리가 관심이 있는 사람에게는 정의를 가져다주고 싶어 한다. 이러한 욕구는 우리가 그들과 함께 있기를 욕구하고, 그들이 겪고 있는 손실에 함께 슬퍼하려는 욕구와 마찬가지로 동일한 애정에 속한다. 이러한 애정은 우리가 애정과 동료감이라는 유대 관계로 결속된 여러 사람에게 정당하게 행위하고, 그들에게 우리가 전념해야 할 다양한 삶의 방식에 존경을 보여줄 경우 만들어진다.

아리스토텔레스적 원칙과 그것의 동반 효과의 관점에서 볼 때 우리가 질서 정연한 사회적 삶에 참여하면 그 결과는 커다란 선으로 나타난다. 질서 정연한 사회는 수많은 사회적 연합체의 사회적 연합이기 때문이다. 우리는 복지 수단의 증진과 잠재 능력의 실현을 위해 다른 사람에 의해 이루어지는 협동적 노력이 필요하다. 모든 사람이 여러 방면에서 성공을 거두면 그들 각자에게는 집합적 활동의 결과인 더 커다란 풍요로움과 다양성을 향유할 수 있는 기회가 주어진다. 우리가 이런 삶을 공유하려면 반드시 고상한 정의감을 지지해야만 한다.

칸트적 해석의 관점에서 볼 때 우리가 정당하게 행동하려는 근저에는 자유롭고 평등한 합리적 존재의 자격으로 행동하고 싶어 하는 우리의 욕구가 깔려 있다. 우리가 갖춘 정당하게 행위하고 싶어 하는 욕구와 우리가 본성상 자유로운 도덕적 인격이라는 점을 드러내고 싶어 하는 욕구는 사실상 똑같은 욕구이다. 이 때문에 행위자가 어떤 욕구에 근거하든 이러한 두 가지 욕구는 그가 똑같은 성향의 방식으로 행위 하게 한다. 여기서 똑같은 성향이란 다름 아닌 정의의 원칙에 따라 행위하고 싶어 하는 성향인 정의감을 말한다.

옳음이나 정의의 원칙은 집합적으로 보면 합리성의 측면을 가지고 있다. 모든 사람이 그러한 원칙의 적용을 받는 정의로운 체제에 따르는 자체가 그들 각자에게 이득을 가져다준다는 점에서 더욱 그렇다. 또한 정의감에 보내는 우리의 일반적인 긍정으로부터 모든 사람에게 이익을 가져다주는 상호 신뢰와 확신의 기초가 마련되므로 이러한 긍정은 커다란 사회적 자산으로 평가된다. 이런 식으로 정의의 원칙이나 정의감은 합리성이나 선과 일치한다.

그런데 공리주의는 기존의 운이 좋은 사람의 행복 총량을 더욱 크게 하려고 일부의 사람에게는 더 적은 양의 복지와 자유만을 갖게 한다. 공리주의의 요구는 우리의 공감 능력을 초월하는 요구이며, 우리의 자유를 위태롭게 하는 요구이다. 이런 의미에서 공리주의에서 추구하는 선은 옳음이나 정의의 원칙과 일치할 가능성이 희박하다. 정의와 선의 불일치도가 높아질수록 그것에 부수하여 발생하는 악이 사회적 안정성을 파괴할 가능성은 상대적으로 높아진다. 사회적 안정성을 높이기 위해서라도 정의의 관점과 선의 관점은 서로 일치해야 한다.

87) 정당화에 관한 결어

공정으로서의 정의는 주로 두 가지 문제를 도덕적 정당화의 대상으로 삼는다. 그 대상이 되는 문제 가운데 하나는 '많은 고려 사항 사이의 상호 지지의 문제'이다. 공정으로서의 정의의 세 부분은 서로 지지하여 하나의 통일된 전체를 이룬다. 제1부에서는 이론구조의 핵심이 제시되었고, 이러한 핵심은 정의의 원칙이 어떤 입장을 선택하고자 할 때 관련을 맺는 합당한 약정에 기초하여 논의되었다. 제2부에서는 정의가 사회적으로 어떤 종류의 제도를 요구하며, 개인에게는 어떤 종류의 의무와 책무가 부과되는지 검토되었다. 제3부에서는 공정으로서의 정의의 입장이 과연 실행 가능한 입장인지 아닌지 확인하는 작업이 있었다. 그래서 안정성의 문제를 비롯한 옳음과 좋음 사이의 일치 문제가 제기되었다. 이들 문제에 대한 고찰이 실행 가능성의 관점에서 정의의 원칙을 최초로 승인해주는 결정을 내리지는 않는다. 그러나 적어도 도덕적 관점에서 최초로 승인하도록 확증해줄 수 있는 진로는 마련해 준다. 이것은 우리의 본성에 원초적 선택을 관철하려는 속성이 있기 때문에 가능한 일이다. 이런 점에서 인간은 도덕적 본성을 지닌 존재이다.

공정으로서의 정의에서 도덕적 정당화의 대상이 되는 문제 가운데 다른 하나는 '모든 것이 하나의 일관된 관점에서 함께 조화를 이루는 문제'이다. 이 문제는 우리가 서로 행위하는 데 필요한 합당한 조건 전체를 하나의 입장으로 결합하는 문제이다. 이러한 입장이 파악되면 우리는 언제든 그러한 입장의 관점에서 사회 세계를 바라볼 수 있다. 또한 공정으로서의 정의에서는 모든 사람을 하나로 융합하지 않으며, 별개의 독립한 존재로 인정한다. 이로부터 사람은 그의 동시대인뿐만 아니라 다른 많은 세대의 사람에게도 공평하게 된다. 이것은 우리의 사회적 지위를 원초적 입장의 견지에서, 즉 영원의 상하永遠의 相下에서 바라본 결과이다. 다시 말해서 인간의 상황을 모든 사회적·시간적 관점에서 응시한 결과이다.

여기에서 말하는 영원의 견지는 세계를 넘어선 어떤 장소에 있거나 초월적 존재가 지닌 관점 등을 의미하지 않는다. 이와는 반대로 영원의 견지란 합리적인 사람이라면 누구든 각자의 현실 세상에서 각자가 합의에 의해 채택한 어떤 생각이나 느낌의 형식을 말한다. 그리고 합리적인 사람이 이 같은 형식을 지닌다는 말은 세대를 불문하고 모든 개인적 견지를 하나의 체계 속에 모을 수 있게 해주는, 그리고 각자 자기의 입장을 지닌 모든 사람이 살아가려면 채택해야 할 규제적 원칙에 함께 도달했다는 말과 똑같은 의미를 가진다. 우리의 마음이 순수하다면 그 마음은 원초적 입장의 견지나 영원의 견지를 명확히 이해하게 되며, 이러한 관점에서 인간적 기품과 자제심을 지닌 채 행위하게 된다.

[세창명저산책]

세창명저산책은 현대 지성과 사상을 형성한 명저를 우리 지식인들의 손으로 풀어 쓴 해설서입니다.

001 들뢰즈의 『니체와 철학』 읽기 · 박찬국

002 칸트의 『판단력비판』 읽기 · 김광명

003 칸트의 『순수이성비판』 읽기 · 서정욱

004 에리히 프롬의 『소유냐 존재냐』 읽기 · 박찬국

005 랑시에르의 『무지한 스승』 읽기 · 주형일

006 『한비자』 읽기 · 황준연

007 칼 바르트의 『교회 교의학』 읽기 · 최종호

008 『논어』 읽기 · 박삼수

009 이오네스코의 『대머리 여가수』 읽기 · 김찬자

010 『만엽집』 읽기 · 강용자

011 미셸 푸코의 『안전, 영토, 인구』 읽기 · 강미라

012 애덤 스미스의 『국부론』 읽기 · 이근식

013 하이데거의 『존재와 시간』 읽기 · 박찬국

014 정약용의 『목민심서』 읽기 · 김봉남

015 이율곡의 『격몽요결』 읽기 · 이동인

016 『맹자』 읽기 · 김세환

017 쇼펜하우어의
『의지와 표상으로서의 세계』 읽기 · 김 진

018 『묵자』 읽기 · 박문현

019 토마스 아퀴나스의 『신학대전』 읽기 · 양명수

020 하이데거의
『형이상학이란 무엇인가』 읽기 · 김종엽

021 원효의 『금강삼매경론』 읽기 · 박태원

022 칸트의 『도덕형이상학 정초』 읽기 · 박찬구

023 왕양명의 『전습록』 읽기 · 김세정

024 『금강경』 · 『반야심경』 읽기 · 최기표

025 아우구스티누스의 『고백록』 읽기 · 문시영

026 네그리 · 하트의 『제국』 · 『다중』 · 『공통체』
읽기 · 윤수종

027 루쉰의 『아큐정전』 읽기 · 고점복

028 칼 포퍼의
『열린사회와 그 적들』 읽기 · 이한구

029 헤르만 헤세의 『유리알 유희』 읽기 · 김선형

030 칼 융의 『심리학과 종교』 읽기 · 김성민

031 존 롤즈의 『정의론』 읽기 · 홍성우

032 아우구스티누스의
『삼위일체론』 읽기 · 문시영

033 『베다』 읽기 · 이정호

034 제임스 조이스의
『젊은 예술가의 초상』 읽기 · 박윤기

035 사르트르의 『구토』 읽기 · 장근상

036 자크 라캉의 『세미나』 읽기 · 강응섭

037 칼 야스퍼스의
『위대한 철학자들』 읽기 · 정영도

038 바움가르텐의 『미학』 읽기 · 박민수

039 마르쿠제의 『일차원적 인간』 읽기 · 임채광

040 메를로-퐁티의 『지각현상학』 읽기 · 류의근

041 루소의 『에밀』 읽기 · 이기범

042 하버마스의
『공론장의 구조변동』 읽기 · 하상복

043 미셸 푸코의 『지식의 고고학』 읽기 · 허 경

044 칼 야스퍼스의 『니체와 기독교』 읽기 · 정영도

045 니체의 『도덕의 계보』 읽기 · 강용수

046 사르트르의
『문학이란 무엇인가』 읽기 · 변광배

047 『대학』 읽기 · 정해왕

048 『중용』 읽기 · 정해왕

049 하이데거의
「"신은 죽었다"는 니체의 말」 읽기 · 박찬국

050 스피노자의 『신학정치론』 읽기 · 최형익

051 폴 리쾨르의 『해석의 갈등』 읽기 · 양명수

052 『삼국사기』 읽기 · 이강래

053 『주역』 읽기 · 임형석

054 키르케고르의
『이것이냐 저것이냐』 읽기 · 이명곤

055 레비나스의 『존재와 다르게─본질의 저편』
읽기 · 김연숙

056 헤겔의 『정신현상학』 읽기 · 정미라

057 피터 싱어의 『실천윤리학』 읽기 · 김성동

058 칼뱅의 『기독교 강요』 읽기 · 박찬호

059 박경리의 『토지』 읽기 · 최유찬

060 미셸 푸코의 『광기의 역사』 읽기 · 허 경

061 보드리야르의 『소비의 사회』 읽기 · 배영달

062 셰익스피어의 『햄릿』 읽기 · 백승진

063 앨빈 토플러의 『제3의 물결』 읽기 · 조희원

064 질 들뢰즈의 『감각의 논리』 읽기 · 최영송

065 데리다의 『마르크스의 유령들』 읽기 · 김보현

066 테야르 드 샤르댕의 『인간현상』 읽기 · 김성동

067 스피노자의 『윤리학』 읽기 · 서정욱

068 마르크스의 『자본론』 읽기 · 최형익

069 가르시아 마르께스의
『백년의 고독』 읽기 · 조구호

070 프로이트의
『정신분석 입문 강의』 읽기 · 배학수

071 프로이트의 『꿈의 해석』 읽기 · 이경희

072 토머스 쿤의 『과학혁명의 구조』 읽기 · 곽영직

073 토마스 만의 『마법의 산』 읽기 · 윤순식

074 진수의 『삼국지』 나관중의 『삼국연의』
읽기 · 정지호

075 에리히 프롬의 『건전한 사회』 읽기 · 최흥순

076 아리스토텔레스의 『정치학』 읽기 · 주광순

077 이순신의 『난중일기』 읽기 · 김경수

078 질 들뢰즈의 『마조히즘』 읽기 · 조현수

079 『열국지』 읽기 · 최용철

080 소쉬르의 『일반언어학 강의』 읽기 · 김성도

· 세창명저산책은 계속 이어집니다.